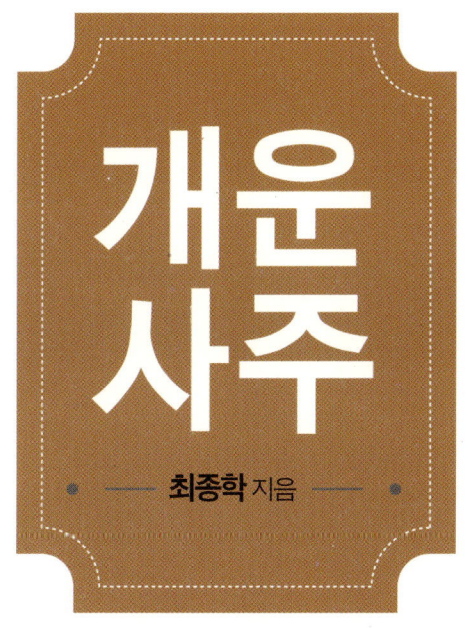

개운사주

최종학 지음

청어

· 반지를 차지 않은 평소의 사진으로, 오-링 테스트를 하면 쉽게 벌어진다 (좌측이 필자).

· 사주용신에 맞는 손가락에 금반지를 차게 되면 오-링 테스트를 할 경우 벌어지지 않는다(본문 245쪽 참조).
· 전에는 허약한 체질로 다병하였으나 개운반지를 찬 이후로는 왕성한 체력을 유지하고 있다.
· 甲辰년 己巳월 丙子일 壬辰시 출생으로 水용신이므로 소지에 금반지를 착용했다.

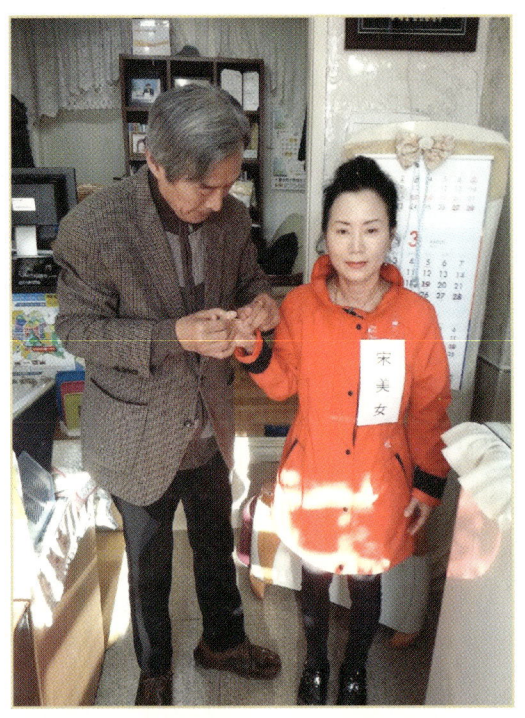

송미녀(宋美女)
· 사주에 맞지 않는 본래 이름으로 오-링 테스트를 하면 쉽게 벌어진다.

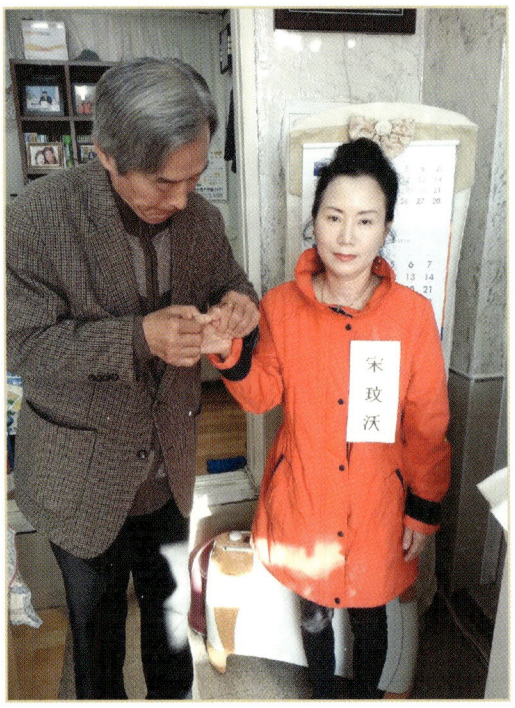

송민옥(宋玟沃)
· 사주용신에 맞는 이름으로 개명을 한후 오-링테스트를 하면 벌어지지 않는다.
· 개명을 한 이후로는 운세가 상승일로에 있는 유명한 미녀 철학원 원장(본문 245쪽 참조).

· 개명을 하지 않은 본래 이름의 사진으로, 오-링 테스트를 하면 쉽게 벌어진다.

· 사주용신에 맞는 이름으로 개명을 한 후의 사진으로, 오-링 테스트를 하면 벌어지지 않는다.
· 乙未년 戊子월 癸卯일 壬戌시 출생으로 火용신에 해당한다.

· 학생의 공부하는 책상 방향이 본인의 용신오행 방향과 맞아 오-링의 힘이 강해 잘 떨어지지 않는다.
· 집중력이 강해져 학업성적이 좋아진다.
· 戊寅년 壬戌월 壬子일 辛亥시 출생으로 火용신에 해당한다.

· 학생의 공부하는 책상 방향이 본인과 맞지 않아 오-링의 힘이 약해 쉽게 떨어진다.
· 학습의욕이 없어지고 정신이 산만해진다.

· 1999년 1월 10일 시행된 제1기 역리사 자격검정 시험을 앞두고 시험출제 위원으로 대구광역시지부 수험생을 대상으로 특별강좌를 하고 있는 필자.

· 지리산 천하녕당 오죽헌에 주석하고 계시는 지천대사와 필자.

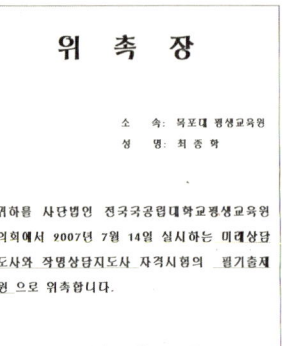

위촉장
국공립대학 평생교육협의회로부터 위촉받은 시험출제위원 위촉장

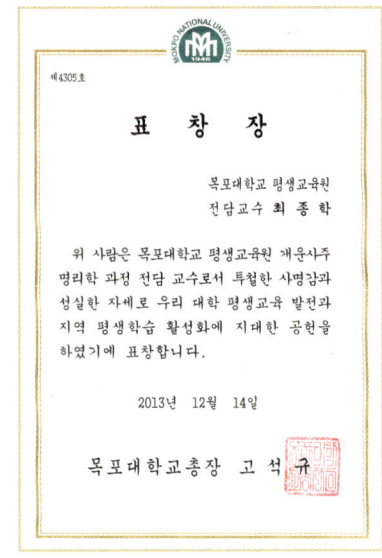

표창장
필자가 재직하고 있는 국립목포대학교 총장으로부터 수여받은 표창장

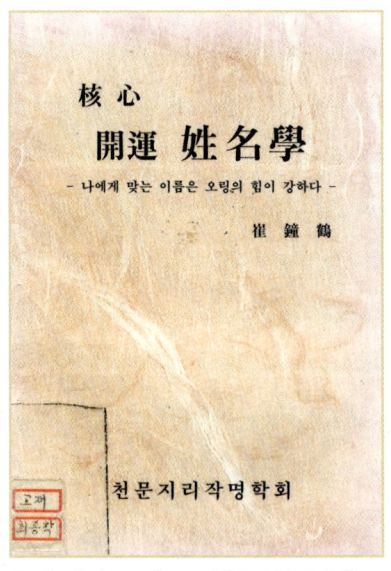

수업 당시 쓰던 교재(국립목표대학교 및 조선대학교 평생교육원에서 성명학 강의 시 사용)

서언

 고대 중국의 『하도낙서』에서 출발하여 오랜 세월 함께한 주역이 우주 창조의 이치를 밝히고 삼라만상의 생성과 소멸 그리고 순환으로 이어지는 대자연의 법칙에 이르기까지, 면면히 이어지는 음양이론은 만고불변의 진리라고 해야 할 것입니다.

 오늘의 과학이 우주의 신비를 얼마나 들추어내고 우리 인간의 생체적·영적구조를 얼마나 설명할 수 있겠습니까? 오로지 침묵하고 있는 창조주만이 알 수 있을 것입니다.

 명리학을 연구하는 이가 완전과 절대를 추구한다면 이는 출발부터 잘못된 것이며 겸허할 때 하나라도 더 값진 이치를 깨달을 수 있음을 알게 될 것입니다. 그러나 옛 선현들로부터 연구되어 시대를 거듭하고 오늘에 이르기까지 갖추어진 주역의 학문적 이론 및 체계는 오늘의 우리에게

미래 예측에 대한 지혜와 무한한 응용 등을 통하여 주옥같은 실사구시의 생활 속의 학문이 될 수 있을 것으로 믿습니다.
 명(命)의 이치를 밝히는 분야로는 명리학, 기문학, 자미두수, 주역점, 성명학, 관상학, 수상학 등이 있으나 오로지 명리학만이 선천명국의 구체적 개요와 평생 운세의 흐름을 가장 광범위하게 예측할 수 있다는 점에서 오늘날까지 가장 많이 애호되어 왔으며, 또한 깊이 있게 연구되어 왔음은 자타가 부인 못할 것입니다.
 필자는 명리학의 이러한 최대 장점을 살려 명리학의 비조로 일컬어지는 송나라 서자평 선생의 연해자평 이론에서부터 자평진전, 명리정종, 궁통보감, 삼명통회, 적천수 등 중요한 이론 등을 핵심으로 하여 그 외에 국내외의 참고문헌과 30여 년에 걸친 경험과 임상 등을 위주로 다루

었습니다. 가급적 어려운 학술 용어 등을 배제하고 가장 핵심적 이론을 효과적으로 학습하여 최대한 짧은 시간 내에 집중적으로 습득할 수 있도록 하였습니다.

특히 추명학의 한계를 극복하기 위한 한 방편으로 일간의 강약과 용신을 판단하는 데 있어서 최대한 오판을 줄이고자 하는 노력으로 필자가 개발하여 창안한 오-링 테스트 이론을 소개하였습니다.

나아가 적극적인 개운법으로 개운성명학과 개운반지 이론을 십여 년의 간고한 임상경험을 토대로 게재하였는바 독자 제현님들의 숙독을 재삼 강조하고자 합니다.

최근 역학이 대중 사이에 급속도로 확산되고 있는 시점에서, 시간에 쫓기는 현대인들에게 수년이 걸리는 값비싼 대가를 치르지 않고서도 명리학이 얼마나 큰 도움을 줄 수 있는 실사구시의 학문인가를 충분히 깨우칠 수 있을 것으로 확신합니다. 명리학을 수년씩 하였으나 이론정립이 되지 않아 말문이 터지지 않는 분들과 명리학에 관심이 있으나 학습방법을 몰라 망설이는 분들에게 세상을 보는 안목이 달라질 수 있을 정도로 좋은 기회가 될 수 있을 것입니다.

최종학 올림

차례

제1장
명리학 이론편(命理學 理論編)

- 20 　음양오행(陰陽五行)
- 31 　육십갑자(六十甲子)
- 34 　상생상극(相生相剋)
- 40 　사주명식(四柱命式)과 대운(大運)
- 45 　사주명식 작성법
- 52 　대운 작성법
- 56 　대운 숫자 산출법
- 63 　합(合)
- 72 　충(冲)
- 79 　형(刑)
- 83 　오행(五行)의 왕쇠(旺衰)
- 89 　오행(五行)의 배속(配屬)

- 93 통근(通根)과 득생(得生)
- 95 신왕(身旺)과 신약(身弱)
- 101 일간의 왕약(旺弱)과 오-링 테스트 검증법
- 103 육신법(六神法)
- 110 육신의 의의
- 124 육신의 왕약
- 127 용신론(用神論)
- 130 용신 잡는 법
- 135 용신 오행과 오-링 테스트 검증법
- 137 부귀빈천(富貴貧賤)
- 144 사주 감정법

제2장
명리학 응용편(命理學 應用編)

- 150 지장간(地藏干)
- 157 12운성(十二運星)
- 166 공망(空亡)
- 171 신살(神殺)
- 194 시지법(時知法)
- 197 수태일(受胎日) 아는 법
- 201 태아(胎兒) 감별법
- 204 궁합(宮合)
- 209 남편복 있는 사주
- 211 남편복 없는 사주
- 214 처복 있는 사주
- 216 처복 없는 사주
- 219 시험합격, 선거당선, 승진, 취직, 부동산 매매, 신규개업 등 여부
- 222 부도, 사업파산, 손재(損財)
- 224 실직, 낙선, 불합격, 소송, 파산 등
- 227 질병
- 233 수명
- 236 직업

제3장
명리학 개운편(命理學 開運編)

241 개운법으로서 성명(姓名)의 중요성
247 체질을 강화시켜주는 개운반지의 중요성

제4장
실재인물 감정편

252 역사적인 인물 감정편
284 기타 실존인물

제1장

◆

명리학 이론편
命理學 理論編

음양오행(陰陽五行)

고대중국에서 수많은 학자들 간에 논의되어 온 음양이론의 정통학설을 소개하면 다음과 같다. 천지(天地)가 창조되기 전의 우주상태는 암흑의 혼돈이었는데 이 상태에서 기(氣)라고 하는 것이 나타났다. 기(氣)는 청(淸)하고 가벼운(輕) 것과 탁(濁)하고 무거운(重) 것, 두 가지가 있는데 청하고 가벼운 것은 상승하여 하늘을 이루어 양(陽)이라 하고, 탁하고 무거운 것은 하강하여 땅을 이루어 음(陰)이라 하였다.

이것이 음양의 탄생이론으로서 천지창조에 해당된다. 이 상태에서는 생명체가 탄생하지 않았으며 화수미제(火水未濟)라고 표현하고 괘 뜻은 아직 이루어지지 않았음을 의미한다. 이후 하늘을 이룬 양기(陽氣)는 하강을 하고 땅을 이룬 음기(陰氣)는 상승을 하여 즉, 음양의 기가 서로 교류를 하여 생명체가 탄생하였는데 이 상태를 수화기제(水火旣濟)라고 표현하고 괘의 뜻은 모든 것이 이루어졌음을 의미한다.

이렇게 볼 때 음과 양은 서로 성질을 달리하는 상반되는 상대개념에 해당되는데, 중요한 것은 서로를 싫어하고 멀리하는 대립된 적대관계가 아니라 서로를 교류하고 필요로 하여 생명체를 탄생시켰다는 데 있다. 즉, 음과 양은 서로 상반되는 상대적 성질의 것이면서 서로를 보완하고 필요로 하는 공존(共存)의 개념이라는 것이다. 이것을 바꾸어 말하면 음양의 중화(中和)라 하는데, 음양이론의 가장 핵심적 내용임을 알아야 한다.

음양의 중화에 대하여 일례를 설명해보면 남자는 양에 속하고 여자는 음에 속하는데 두 남녀가 만나 결혼을 하여 자식을 낳고 화목한 가정을 이루어 잘 사는 것과, 여름은 양에 속하고 겨울은 음에 속하는데 여름에는 날씨가 더워서 피서를 하는 등 음을 필요로 하게 되고 겨울에는 날씨가 추워서 난방을 하며 양을 필요로 하는 이치와 같다.

이와 같은 것은 음과 양이 너무 한쪽만 강하게 되면 아니 되므로 상반된 상대의 기를 필요로 하는 것이 자연의 이치에 해당되기 때문이다. 사람의 몸을 예로 들어볼 때 배를 기준으로 하여 상체를 양이라 하고 하체를 음으로 분류하는데 상체와 하체의 혈액 및 기(氣) 순환이 잘 되어야 즉, 수승화강(水昇火降)이 잘 이루어져야 건강하게 장수하는 이치와 같다.

다음은 오행이론에 대하여 설명할 차례이다. 음양이 탄생되어 천지가 창조되었는바 이 우주에는 다섯 가지의 운기(運氣)가 존재한다. 즉, 목(木), 화(火), 토(土), 금(金), 수(水)이다. 이것은 우주만물의 생성과 소멸뿐만 아니라 인간의 생사 및 영고성쇠에 절대적 영향을 미치면서 끊임없이 쉬지 않고 변화하기 때문에 이른바 오행(五行)이라고 하는 것이다. 음양(陰陽)의 기(氣)를 세분하여 나눈 것이 오행(五行)의 기(氣)로 보면 된다.

그리하여 음양오행(陰陽五行)이라고 하는 것이다. 우주에 존재하는 오행 중 하늘에 존재하는 오행을 천간(天干)이라 하고, 땅에 존재하는 오행을 지지(地支)라고 한다. 그래서 이 두 가지 오행을 합하여 천간지지(天干地支)라고 하는데 천(天)과 지(地)를 떼어버리고 흔히 간지(干支)라고도 부르는 것이다.

즉, 음양오행은 구체적으로 간지로써 표현되는 것임을 알아야 한다. 또한 천간과 지지는 오행별로 다시 각각 음과 양으로 구분하는데 음은 유약함을 나타내고 양은 강함을 나타낸다.

〈기(氣)의 도표〉

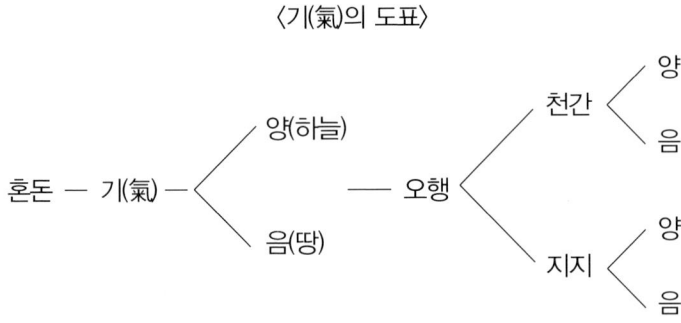

(1) 천간(天干)

하늘에 있는 오행의 기를 천간이라 하며 10가지로 구분하는데 갑(甲), 을(乙), 병(丙), 정(丁), 무(戊), 기(己), 경(庚), 신(辛), 임(壬), 계(癸)로서 10간(십간)이라고도 한다. 이 십간은 초목의 출생, 성장, 무성, 결실, 갈무리(저장) 등 땅속에서의 생명의 잉태에 의한 만물의 순환법칙에 대한 자연현상의 한 주기를 설명하는 과정에서 따온 상형문자로서 아래 설명을 보면 쉽게 이해가 갈 것이다.

甲(⾉): 초목의 최초 생장 시 껍질을 이고 나오는 모습을 상징하며, 최초의 생장을 의미하고, 계절은 초봄에 해당된다.

乙(⺁): 초목이 굽어진 채로 흙을 뚫고 나오는 모습을 상징하며, 생장을 의미하고, 계절은 늦봄에 해당된다.

丙(丙): 초목이 밖으로 나와 뚜렷이 점점 크게 자라나는 모습을 상징하며, 성장을 의미하고, 계절은 초여름에 해당된다.

丁(个): 초목이 무성하게 자라 우산처럼 되는 모습을 상징하며, 성장을 의미하고, 계절은 늦여름에 해당된다.

戊(戊): 초목의 가지와 잎사귀가 모두 무성해지는 모습을 상징하며, 무성을 의미하고, 계절은 4계절 사이인 4계(季)에 해당된다.

己(己): 초목이 무성한 후 외부로 향하던 세력이 내부로 들어가 자기를 충실히 하는 것을 상징하며, 무성을 의미하고, 계절은 4계절 사이인 4계(季)에 해당된다.

庚(庚): 초목이 다 성장하여 열매를 맺어 자신을 새롭게 바꾼다는 모습을 상징하며, 결실을 의미하고, 계절은 초가을에 해당된다.

辛(辛): 초목이 열매를 맺어 열매가 익어 씨앗이 되어 다시 새로워짐을 상징하며, 결실을 의미하고, 계절은 늦가을에 해당된다.

壬(壬): 초목의 열매가 씨앗이 되어 땅속에서 잉태됨을 상징하며, 갈무리(저장)를 의미하고, 계절은 초가을에 해당된다.

癸(癸): 씨앗이 땅속에서 수분을 섭취하여 다시 땅속에서 나오고자 하는 것을 상징하며, 갈무리(저장)를 의미하고, 계절은 늦겨울에 해당된다.

다음은 십간을 하나하나 오행별, 음양별, 성정별로 구분하여 구체적으로 설명하고자 한다.

갑(甲)은 양목(陽木)으로서 큰 나무(大林木)에 해당되고, 甲일에 태어난 사람은 키가 크며 성정이 착하고 어질다. 또한 매사에 조심성이 있고 점진적이며 타인의 지배를 받기 싫어하고 자존심이 강하다.

을(乙)은 음목(陰木)으로서 풀(草)에 해당되고, 乙일에 태어난 사람은 키가 큰 편은 아니나 성정이 착하고 유연하다. 또한 매사에 꾸준하며 시기심과 질투심이 있고 외유내강의 특성이 있다.

병(丙)은 양화(陽火)로서 태양(太陽)에 해당되고, 丙일에 태어난 사람은 성품이 급하고 격렬하며 눈이 크며 구변이 좋다. 또한 활발하고 명랑하며 급진적이고 반발심이 있으며 경솔한 면과 기분파적인 특성이 있다.

정(丁)은 음화(陰火)로서 등불(燈火)에 해당되고, 丁일에 태어난 사람은 성품이 유순하나 폭발하면 무섭고 능변이다. 또한 내적 사고력이 발달하고 강유(强柔)를 겸전하며 온유하면서 반발심과 때로는 급진, 경솔 등의 특성이 있다.

무(戊)는 양토(陽土)로서 큰 산(太山)에 해당되고, 戊일에 태어난 사람은 얼굴이 흙빛으로 거무스레하고 행동이 느리다. 또한 아량과 통찰력이 있고 상하와 예의를 존중하고 차별 없는 처세로 통솔력이 풍부하며 때로는 강한 반발력을 발휘하는 특성이 있다.

기(己)는 음토(陰土)로서 논밭(田畓)에 해당되고, 己일에 태어난 사람은 믿음직하며 행동이 느리고 눌변이다. 또한 꾸준한 인내력과 아량이 풍부하며 사고력이 깊고 세심한 반면에 표리가 부동한 일면이 있다.

경(庚)은 양금(陽金)으로서 무쇠(鐵)에 해당되고, 庚일에 태어난 사람은 인상이 강인하며 성품이 과단성 있고 당차다. 또한 정의감과 의리가 있고 완강한 고집, 명예심, 자존심이 있는 반면에 약자에게는 순하고 강자에게는 대립하는 특성이 있다.

신(辛)은 음금(陰金)으로서 주옥(珠玉)에 해당되고, 辛일에 태어난 사람은 얼굴이 하얗고 성품이 매섭고 맵시가 단아하다. 또한 외유내강의 완고한 고집은 있으나 어느 정도 자중성과 인내성이 있다.

임(壬)은 양수(陽水)로서 큰 강(大河)에 해당되고, 壬일에 태어난 사람은 근골이 장대하고 포용력이 있으며 여행성이 있다. 또한 신중하고 꾸준한 반면에 강한 반발심을 내포하고 있으며 극히 행동적이며 대륙적이면서도 완고한 고집이 특성이다.

계(癸)는 음수(陰水)로서 이슬비(雨露)에 해당되고, 癸일에 태어난 사람은 성품이 조용하고 종교 및 학문을 즐긴다. 또한 지혜가 있으나 일단 반발하면 강한 고집이 있으며 꾸준하고 순진한 면이 있으나 야욕적인 특성이 있다.

상기 해설의 경우 얼굴 생김새나 성품 등을 태어난 십간일을 기준으로 설명하였으나 이것은 단식법으로서 꼭 맞는 것은 아니며 참고로 하면 많은 도움이 된다. 더욱 자세한 것은 사주명식(四柱命式)을 뽑아놓고 태어난 십간일과 더불어 신왕신약(身王身弱) 및 육신(六神)과 사주용신(四柱用神)을 보아 판별해야 한다.

(2) 지지(地支)

땅에 있는 오행의 기를 지지라고 하며 12가지로 구분하는데 자(子), 축(丑), 인(寅), 묘(卯), 진(辰), 사(巳), 오(午), 미(未), 신(申), 유(酉), 술(戌), 해(亥)로서 십이지(十二支)라고도 한다.

지구는 자전을 하면서 태양의 주위를 공전하는데 한 번 자전하는 데 하루 걸리면서 낮과 밤이 나타나고, 태양의 주위를 $\frac{1}{365}^\circ$ 만큼 서쪽에서 동쪽으로 돈다. 365회 자전하는 데 365일 걸리면서 봄, 여름, 가을, 겨울이 나타나고, 태양의 주위를 완전히 한 바퀴 돈다. 자연의 순환은 계절을 달리하면서 1년을 주기로 반복하여 되풀이하는데, 이것은 만고불변의 법칙이다.

하루는 24시간으로 2시간을 1시각 단위로 하여 12시각으로 나누고, 1년은 365일로 30일을 1개월 단위로 하여 12개월로 나누었다. 그리하여 하루의 12시각과 1년의 12개월을 동물을 상징하는 12개 지지(地支)를 갖다 붙여 표현하였는바, 12지지가 나타내는 음양오행과 더불어 해당 동물, 해당 월, 해당 시각에 대하여 상세히 설명하고자 한다.

子는 陽水로 쥐(鼠)를 뜻하며, 1년 중 음력 11월에 속하고, 하루 중 시각은 23:30~01:30이다.

丑은 陰土로 소(牛)를 뜻하며, 1년 중 음력 12월에 속하고, 하루 중 시각은 01:30~03:30이다.

寅은 陽木으로 범(虎)을 뜻하며, 1년 중 음력 1월에 속하고, 하루 중 시각은 03:30~05:30이다.

卯은 陰木으로 토끼(兎)를 뜻하며, 1년 중 음력 2월에 속하고, 하루 중 시각은 05:30~07:30이다.

辰은 陽土로 용(龍)을 뜻하며, 1년 중 음력 3월에 속하고, 하루 중 시각은 07:30~09:30이다.

巳은 陰火로 뱀(蛇)을 뜻하며, 1년 중 음력 4월에 속하고, 하루 중 시각은 09:30~11:30이다.

午은 陽火로 말(馬)을 뜻하며, 1년 중 음력 5월에 속하고, 하루 중 시각은 11:30~13:30이다.

未은 陰土로 양(羊)을 뜻하며, 1년 중 음력 6월에 속하고, 하루 중 시각은 13:30~15:30이다.

申은 陽金으로 원숭이(猴)를 뜻하며, 1년 중 음력 7월에 속하고, 하루 중 시각은 15:30~17:30이다.

酉은 陰金로 닭(鷄)을 뜻하며, 1년 중 음력 8월에 속하고, 하루 중 시각은 17:30~19:30이다.

戌은 陽土로 개(狗)를 뜻하며, 1년 중 음력 9월에 속하고, 하루 중 시각은 19:30~21:30이다.

亥은 陰水로 돼지(猪)를 뜻하며, 1년 중 음력 10월에 속하고, 하루 중 시각은 21:30~23:30이다.

※상기 시각은 대한민국 서울을 기준으로 한 것임.

사주명리학(四柱命理學)은 태양과 지구와의 거리와 각도에 따라 나타나는 낮과 밤, 계절의 변화를 음양오행으로 나타내는 기상학(氣象學)적 학문이다. 다시 말하면 사람은 모체 내의 자궁에서 이 세상에 태어날 때

최초의 호흡을 함으로써 일 년 중 어느 계절, 어느 날, 어느 시각의 일정 시점의 천지간의 기(氣)를 가지고 태어난다. 이것을 음양오행의 기로 표현한 것이 간지의 구조를 갖춘 사주팔자이다.

특히 태어나는 시각을 정확히 알아야 한다. 왜냐하면 시각에 따라 간지(干支)가 달라지기 때문인데, 시각을 잘못 알게 되면 사주팔자가 달라지기 때문이며 사주팔자가 달라지면 운명 또한 전혀 다른 판단이 내려지기 때문이다.

상기 설명에서 보면 하루는 12개의 시각으로 나누는데 각 시각이 정시(正時)에서 출발하지 않고 30분 늦게 되어있다. 이 점에 대하여 설명하고자 하므로 반드시 이해하여야 한다.

지구는 둥근 타원형인데 동서를 동경과 서경으로 나누어 경도를 표시하고, 남북을 남위와 북위로 나누어 위도를 표시하여 한 나라 또는 한 지역의 위치를 설명하고 있다. 즉, 동서를 동경180°, 서경180°로 표시하고 0°인 기준지역은 영국의 그리니치 천문대이다. 지구는 남북을 축으로 하여 서에서 동으로 자전하므로 동경과 서경은 시각과 관련되며 자오선을 날짜변경선이라고도 한다. 그리고 그리니치 천문대를 기준으로 하여 경도 15°마다 1시간의 간격을 두어 전 세계를 국제표준시로 국제간의 협약에 의하여 묶어놓았다.

$$(동경180° + 서경180°) \div 15° = 24시간(하루)$$

예를 들면 동경120°에서 동경135°까지는 동경 135°에 해당되는 시각을 일률적으로 적용하고 있는데, 135°는 일본 지역으로 대한민국 서울의 경우는 127°에 해당된다. 경도는 다르나 시각은 15° 사이에 해당되므로 일본과 같은 시각을 적용하게 되어있다.

그러나 사실상 태양은 동쪽에서 뜨고 지구는 서에서 동으로 자전하기 때문에 엄밀하게 보면 일본이 한국보다 태양의 일출시각은 더 빠르다. 바꿔 말하면 동경 8°에 해당하는 시간만큼 한국이 일본보다 태양이 더 늦게 뜬다는 계산이 나온다. 15°마다 1시각이 적용되므로 8° 차에 해당되는 약 30분 정도 태양이 늦게 뜬다는 말이 된다.

사주명리학은 태양과 지구상의 태어나는 일정지역과의 관계를 기(氣)로 나타내는 기상학이므로, 같은 시각에 태어났다 하더라도 대한민국 서울의 경우도 실제적으로는 30분 늦게 적용하여 해당되는 정확한 시각의 간지(干支)를 산출하여 보아야만 진정한 출생 운명의 판단을 할 수 있다는 것이다.

상기 설명에서 30분 늦게 되어있는 것은 대한민국 서울을 기준으로 한 시각이고 부산의 경우는 동경129°, 목포의 경우는 동경 126°에 해당되므로 기준시각은 당연히 달라지기 마련이다. 출생한 사람이 속하는 각 지역에 따라서 정확한 시각을 적용한 간지(干支)를 넣어서 운명판단을 하여야 한다.

〈간지오행표〉

오행	음양	천간	지지
목	양	甲	寅
목	음	乙	卯
화	양	丙	午
화	음	丁	巳
토	양	戊	辰 戌
토	음	己	丑 未
금	양	庚	申
금	음	辛	酉
수	양	壬	子
수	음	癸	亥

〈지역별 동경표준시 대비 실제시각 대조표〉

지역	경도	135도 0분 기준
서울	126도 58분 46초	(+)32분 05초
부산	129도 02분 53초	(+)23분 48초
대구	128도 37분 05초	(+)25분 30초
인천	126도 37분 05초	(+)33분 30초
대전	127도 25분 23초	(+)30분 19초
광주	126도 55분 39초	(+)32분 17초
춘천	127도 44분 12초	(+)29분 40초
강릉	128도 54분 11초	(+)24분 23초
포항	129도 21분 42초	(+)22분 33초
경주	129도 13분 18초	(+)23분 07초
목포	126도 23분 27초	(+)34분 26초
제주	126도 31분 56초	(+)33분 52초

육십갑자(六十甲子)

　천간(天干) 10자와 지지(地支) 12자를 순서대로 짝지어 맞춰나가면 천간은 여섯 번을 되풀이하여 돌고 지지는 다섯 번을 되풀이하여 돌아서 60번째에 가서 전부 짝지어져 끝나게 되며, 다시 처음부터 맞춰나가게 되어있어 60갑자(甲子)라 한다. 이와 같은 것은 하늘의 기(氣) 천간과 땅의 기(氣) 지지가 교류함으로써 만물이 생성, 소멸, 순환하는 원리이다.

　이 경우 양간(陽干)은 양지(陽支)와 음간(陰干)은 음지(陰支)와 짝지어지는데 예를 들면 甲子, 乙丑, 丙寅, 丁卯, 戊辰, 己巳, 庚午, 辛未, 壬申, 癸酉, 甲戌, 乙亥, 丙子 …… 辛酉, 壬戌, 癸亥처럼 순서대로 60개의 간지의 짝이 이루어지고, 다시 甲子, 乙丑, 丙寅, 丁卯, …… 순서대로 되돌아가는 것이 60甲子의 원리이다. 하늘의 기 천간과 땅의 기 지지는 이렇게 계속하여 끊임없이 운행하는데 이것을 일컬어 오행의 순환법칙이라 한다.

　甲子, 甲戌, 甲申, 甲午, 甲辰, 甲寅의 간지는 甲이 陽의 천간이고, 子,

戌, 申, 午, 辰, 寅이 陽의 지지에 해당하여 양간은 양지끼리 짝지어진 경우이고, 己巳, 己卯, 己丑, 己亥, 己酉, 己未의 간지는 己가 陰의 천간이고 巳, 卯, 丑, 亥, 酉, 未는 음의 지지에 해당하여 음간은 음간끼리 짝지어진 경우에 해당한다. 다른 간지의 경우도 마찬가지 원리이다.

한 사람의 타고난 운명을 판단할 때는 태어난 해, 태어난 달, 태어난 날, 태어난 시각의 네 가지 간지에 의해서 판단하는데, 60갑자 중 어느 하나를 이 네 가지 년, 월, 일, 시에 해당시켜 보게 되므로 사주라고 부르게 된 것이며, 간지는 모두 여덟 글자에 해당하므로 합하여 사주팔자(四柱八字)라고 하게 된 것이다.

일례를 들면 한 사람이 태어나기를 음력 1991년 1월 1일 오전 2시에 태어났다고 하면 간지로 나타낼 때 辛未년 庚寅월 丙辰일 己丑시라고 쓰게 되며, 이때 辛未를 년주(年柱), 庚寅을 월주(月柱), 丙辰을 일주(日柱), 己丑을 시주(時柱)라고 부르는 것이며 기둥(柱)이 4개라 하여 사주(四柱)라 하고, 간지(干支)가 모두 여덟 자이므로 팔자(八字)라고도 하는 것이다.

사주명식을 나타내면,

己	丙	庚	辛	年柱	辛(年干) 未(年支)
丑	辰	寅	未	月柱	庚(月干) 寅(月支)
시	일	월	년	日柱	丙(日干) 辰(日支)
				時柱	己(時干) 丑(時支)

상기와 같이 작성할 수 있으며, 각 기둥별로 천간지지에 따라 각각 상기와 같이 명칭을 부여하여 부른다.

〈60갑자(甲子) 도표〉

시작 →

甲子	乙丑	丙寅	丁卯	戊辰	己巳	庚午	辛未	壬申	癸酉
甲戌	乙亥	丙子	丁丑	戊寅	己卯	庚辰	辛巳	壬午	癸未
甲申	乙酉	丙戌	丁亥	戊子	己丑	庚寅	辛卯	壬辰	癸巳
甲午	乙未	丙申	丁酉	戊戌	己亥	庚子	辛丑	壬寅	癸卯
甲辰	乙巳	丙午	丁未	戊申	己酉	庚戌	辛亥	壬子	癸丑
甲寅	乙卯	丙辰	丁巳	戊午	己未	庚申	辛酉	壬戌	癸亥 → 끝

다시 시작 →

甲子	乙丑	丙寅	丁卯	戊辰	己巳	庚午	辛未	壬申	癸酉
甲戌	乙亥	丙子	丁丑	戊寅	己卯	庚辰	辛巳	壬午	癸未
甲申	乙酉	丙戌	丁亥	戊子	己丑	庚寅 → 재순환			

상생상극(相生相剋)

(1) 상생(相生)

각 오행은 다른 오행으로부터 생(生)을 받으면서 또 다른 오행을 생(生)해 줌으로써 순환하면서 상생(相生)을 한다.

木은 火를 生하고(나무로 불을 지핌)

火는 土를 生하고(불이 다하면 재가 되어 흙이 됨)

土는 金을 生하고(흙에서 쇠를 캐어냄)

金은 水를 生하고(쇠가 녹으면 물이 됨)

水는 木을 生함(물은 나무를 키워냄)

바꾸어 말하면,

木은 火를 생해주면서 水로부터 생함을 받고

火는 土를 생해주면서 木으로부터 생함을 받고

土는 金을 생해주면서 火로부터 생함을 받고

金은 水를 생해주면서 土로부터 생함을 받고

水는 木을 생해주면서 金으로부터 생함을 받음.

木이 火를 生하는 경우란, 甲乙寅卯가 丙丁巳午을 생함을 의미하며, 좀 더 구체적으로 설명하면 천간 甲乙이 천간 丙丁과 지지 巳午를 생하고, 지지 寅卯 또한 천간 丙丁과 지지 巳午를 생함을 말한다. 다른 오행의 상생의 경우도 역시 마찬가지이다.

상생의 쓰임에 대하여 한 사람의 사주를 가지고 실례를 들어 설명하면 다음과 같다.

甲丁壬丁 년간 丁火는 년지 丑土와 시지 辰土를 생하고,
辰酉寅丑 월간 壬水는 월지 寅木과 시간 甲木을 생하고,
시 일 월 년 일간 丁火는 년지 丑土와 시지 辰土를 생하고,
       시간 甲木은 일간 丁火를 생한다.
       또,
       년지 丑土는 일지 酉金을 생하고,
       월지 寅木은 일간 丁火를 생하고,
       일지 酉金은 월간 壬水를 생하고,
       시지 辰土는 일지 酉金를 생한다.

상기에서 보는 바와 같이 한마디로 생하는 오행이 팔자(八字) 내에 있으면 천간지지 가릴 것 없이 사통팔달로 생함을 의미한다. 단, 사주명식

상 기둥의 거리에 따라 생하는 정도의 강약이 다르다. 이를테면 년간 丁火가 년지 丑土을 생하는 것이 시지 辰土를 생하는 것보다 더 강하고, 일지 酉金은 시지 辰土로부터 생을 받는 것이 년지 丑土로부터 생을 받는 것보다 더 강하다.

그리고 더욱 중요한 것은 상생은 사주명식에서뿐만 아니라 운(運) 내에서도 이루어진다는 것이다. 운(運)에는 대운(大運), 세운(歲運), 월운(月運), 일운(日運) 등으로 나누어지는데, 가정하여 甲戌년의 세운에서 상기 사주와의 관계를 보면 일간 丁火는 세운 년간 甲木으로부터 생함을 받고, 세운 년지 戌土를 생해주는 작용을 한다.

바로 이와 같은 이치는 사주명식에서 타고난 운명을 판단하고, 운(運)과 사주명식과의 관계에서 한 사람의 일생 운세의 변화를 볼 수가 있는 것이다.

〈상생(相生) 도표〉

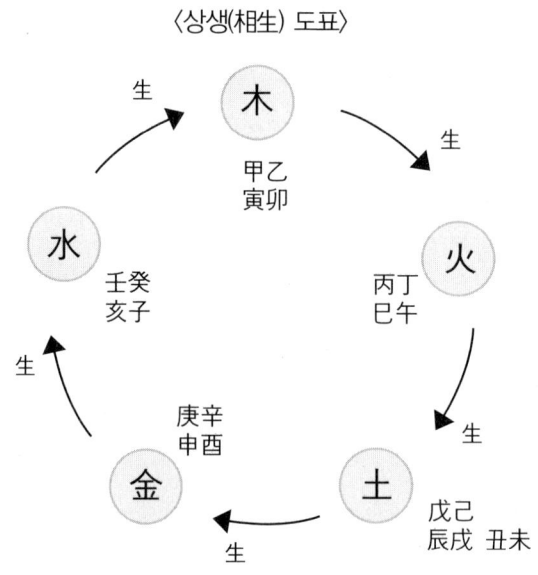

※오행을 시계방향으로 순서대로 배열했을 때 둥근 원 모양을 형성함.

(2) 상극(相剋)

각 오행은 다른 오행으로부터 극(剋)을 받으면서 또 다른 오행을 극(剋)함으로써 오행 상호 간에 상극이 이루어진다.

木은 土를 剋하고(나무뿌리는 흙을 파고듦)
土는 水를 剋하고(흙으로 제방을 쌓아 물의 흐름을 막음)
水는 火를 剋하고(물은 불을 끔)
火는 金을 剋하고(불은 쇠를 녹임)
金은 木을 剋함(쇠는 나무를 베어냄)
바꾸어 설명을 하면,
木은 土를 剋하면서 金으로부터 극함을 받고
土는 水를 剋하면서 木으로부터 극함을 받고
水는 火를 剋하면서 土로부터 극함을 받고
火는 金을 剋하면서 水부터 극함을 받고
金은 木을 剋하면서 火로부터 극함을 받음.

木이 土를 剋하는 경우란, 甲乙寅卯가 戊己辰戌丑未를 극함을 의미하며 좀 더 구체적으로 설명하면 천간 甲乙이 천간 戊己와 지지 辰戌丑未를 극하고, 지지 寅卯가 천간 戊己와 지지 辰戌丑未를 극함을 말한다. 다른 오행의 상극의 경우도 마찬가지다.

상극의 쓰임에 대하여 한 사람의 사주를 가지고 실례를 들어 설명하면 다음과 같다.

甲丁壬丁　　년간 丁火는 일지 酉金을 극하고,
辰酉寅丑　　월간 壬水는 년간 丁火와 일간 丁火를 극하고,
시 일 월 년　일간 丁火는 일지 酉金을 극하고,
　　　　　　시간 甲木은 년지 丑土와 시지 辰土를 극한다.
　　　　　　또,
　　　　　　년지 丑土는 월간 壬水를 극하고,
　　　　　　월지 寅木은 년지 丑土와 시지 辰土를 극하고,
　　　　　　일지 酉金은 월지 寅木과 시간 甲木을 극하고,
　　　　　　시지 辰土는 월간 壬水를 극한다.

상기에서 보는 바와 같이 한마디로 극하는 오행이 팔자 내에 있으면 천간지지 가릴 것 없이 사통팔달로 극함을 의미한다. 단, 사주명식상 기둥의 거리에 따라 극하는 정도의 강약이 다르다. 이를테면 시간 甲木이 시지 辰土를 극하는 것이 년지 丑土를 극하는 것보다 더 강하고, 월간 壬水가 시지 辰土로부터 극을 받는 것보다 년지 丑土로부터 극을 받는 것이 더 강하다.

그리고 더욱 중요한 것은 상극은 사주명식에서뿐만 아니라 운(運)에서도 이루어진다는 것이다. 운(運)에는 대운, 세운, 월운, 일운 등이 있는데, 가정하여 癸酉년의 세운에서 상기 사주와의 상극관계를 보면 일간 丁火는 세운 년간 癸水로부터 극함을 받고, 세운 년지 酉金을 극하는 작용을 한다.

바로 이와 같은 이치로 사주명식에서 타고난 운명을 판단하고, 운(運)과 사주명식과의 관계에서 한 사람의 일생 운세의 변화를 볼 수가 있는 것이다.

〈상극(相剋) 도표〉

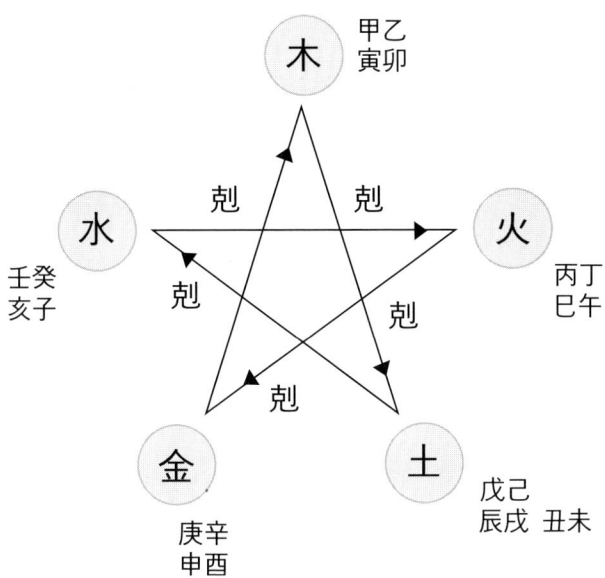

※ 오행을 시계방향으로 순서대로 배열했을 때 별 모양을 형성함.

사주명식(四柱命式)과 대운(大運)

사람이 태어나면 출생한 연월일시에 의하여 사주명식과 대운이 정해지는데, 이 사주명식과 대운은 어떠한 방법으로도 변경할 수가 없으며 다만 사주명식과 대운을 잘 파악하여 분수를 알고 때를 알아 현명하게 대처함으로써 나쁜 운을 미연에 방지하고 좋은 운은 최대한 활용하여 적극적으로 운명을 개척해 나가야 할 것이다.

공자가 말하기를 '자기 명을 모르는 자는 군자가 아니다' 라고 하였고, 또한 '진인사대천명(盡人事待天命)' 이란 말도 이를 두고 한 말일 것이다.

(1) 사주명식(四柱命式)

출생 연월일시에 의하여 뽑은 사주팔자 중 일간과 일간을 중심으로 한 7개 간지와의 오행 생극관계 및 육신관계를 파악하여 한 개인의 타고난 운명구조를 판단하는 명식으로서, 사람됨과 그릇의 크기를 읽을 수 있으며 성품, 직업, 부귀, 배우자, 자식 등 기타 모든 사항을 포함하고 있다.

년주, 월주, 일주, 시주로 구성되며 년주는 년간과 년지로, 월주는 월간과 월지로, 일주는 일간과 일지로, 시주는 시간과 시지로 구분되기 때문에 사주팔자(四柱八字)라고도 하는 것이다.

흔히 세속에서 당사주나 토정비결 등으로 사람의 사주팔자를 본다고 하는데, 이런 의미의 사주팔자란 음양오행과는 전혀 거리가 먼 것으로서 출생한 연월일시의 8개의 간지를 분석하는 사주명리학에서 말하는 사주팔자와는 반드시 구별되어야 하며, 학문적 이론과 체계가 정립된 명리학을 연구하는 사람은 이 점을 분명히 인식해야 할 것이다.

(2) 대운(大運)

사주명식 중 월주를 기준으로 하여 출생년간에 따라 순운법(順運法)과 역운법(逆運法)으로 산출하며, 또 남자냐 여자냐에 따라 다르다. 일간과 대운 간지와의 생극 및 육신관계를 파악하여 평생 운세의 흐름을 판단하며, 일생 중 어느 때 성공하고 실패하느냐를 정확히 읽을 수 있다.

일례를 들어서 사주명식과 대운을 설명하고자 한다.

한 남자가 음력 1994년 3월 29일 辰시(양력은 1994년 5월 9일 辰시)에 태어났다고 하면,

시주	일주	월주	년주	
庚 시간	乙 일간	己 월간	甲 년간	〈사주명식〉 우측에서 좌측으로
辰 지지	未 일지	巳 월지	戌 년지	연월일시 순으로 써 나간다.

69	59	49	39	29	19	9	〈대운〉
丙	乙	甲	癸	壬	辛	庚	우측에서 좌측으로
子	亥	戌	酉	申	未	午	대운 숫자, 즉 나이순
74	64	54	44	34	24	14	으로 써 나간다.

위 사주를 분석해보면,

일간 乙木을 기준으로 하여 나머지 7개 간지와의 생극을 보므로,

일간 乙木은 년간 甲木과 동일 오행이며 겁재라 하고,

월간 己土를 극하여 편재라 하며,

시간 庚金으로부터 극을 받아 정관이라 한다.

또, 일간 乙木은 년지 戌土를 극하여 정재라 하고,

월지 巳火를 생하여 상관이라 하며,

일지 未土를 극하여 편재라 하고,

시지 辰土를 극하여 정재라고 한다.

구체적인 해석은 육신법에서 설명하기로 한다.

위 대운을 분석하면,

일간 乙木은

9세부터 13세까지 庚金으로부터 극을 받아 정관운이 되고,

14세부터 18세까지 午火를 생하여 식신운이 되며,

19세부터 23세까지 辛金으로부터 극을 받아 칠살운이 되고,

24세부터 28세까지 未土를 극하여 편재운이 되고,

29세부터 33세까지 壬水로부터 생을 받아 인수운이 되고,

34세부터 38세까지 申金으로부터 극을 받아 정관운이 되고,

39세부터 43세까지 癸水로부터 생을 받아 편인운이 되고,

44세부터 48세까지 酉金으로부터 극을 받아 칠살운이 되고,

49세부터 53세까지 甲木과 동일 오행으로 겁재운이 되고,

54세부터 58세까지 戌土를 극하여 정재운이 되고,

59세부터 63세까지 乙木과 동일 오행으로 비견운이 되고,

64세부터 68세까지 亥水로부터 생을 받아 인수운이 되고,

69세부터 73세까지 丙火를 생하여 상관운이 되고,

74세부터 78세까지 子水로부터 생을 받아 편인운이 된다.

역시 구체적인 해석은 육신법과 용신론 등을 습득한 후에 알 수 있으므로 생략한다.

사주명식과 대운을 함께 묶어 상기 사주의 총체적인 판단을 해 보면 다음과 같다.

이 사주의 주인공은 乙木이 火가 왕한 巳월에 태어나서 신약한 사주로서 水가 절대 필요하며, 즉 水가 이 사주의 중요한 용신(用神)에 해당

한다. 그러나 사주원국에 水가 없어 음양의 중화가 되지 못하나 시지 辰土에 癸水가 암장(暗藏)되어 있어 습토가 되므로 용신이 극히 미약하나 이것을 중요하게 써야 한다. 辰土에 癸水가 암장되어 있다는 의미는 고급과정 지장간 과목에서 별도로 설명되어 있으며 여기서는 생략한다.

  대운을 보면 28세까지는 乙木을 극하는 金운과 乙木이 생해주는 火운, 그리고 乙木이 극하는 土운이 오므로 아주 불운하기 짝이 없다. 이러한 때는 학업에 지장이 있을 정도로 건강에 장애가 있거나 복잡한 사건들이 발생하여 대학을 마치기가 힘들게 된다.

  허나 29세부터 48세까지는 水를 생해주는 金운과 용신 水운이 들어오므로 모든 일이 여의하게 풀려 소망대로 성취가 된다. 그 뒤 甲戌 대운에는 49세부터 58세까지 해당되는데 용신인 辰土를 戌土가 충하여 辰 중에 癸水를 없애버리니 자칫하면 위명(危命)할 수도 있다.

  상기와 같이 사주명국에서는 사주에서 가장 필요로 하는 용신(用神)을 파악하고 그 용신이 일생 중 어느 시기에 들어오는가를 대운에서 정확히 파악하여 성공과 발복의 시기를 알 수 있는 것이다.

사주명식 작성법

출생 연월일시에 의하여 사주명식을 작성하는 데 있어서 사주팔자(四柱八字)는 일정한 법칙에 의하여 작성하게 되어있다. 만약 이 법칙에 의하지 않고 잘못된 사주를 작성하게 되면 전혀 엉뚱한 판단을 하게 되는 바, 세심한 주의를 기울여 사주명식을 작성해야 한다.

(1) 년주(年柱) 정하는 법

매년 들어오는 입춘(立春)을 기준으로 하여 정한다. 양력 1월 1일이나 음력 1월 1일을 기준으로 하지 않는다. 즉, 음력, 양력 초하루 날짜에 전혀 구애됨이 없이 매년 그해의 입춘에 해당되는 날의 절입시각(節入時刻)이 지나야만 그해에 해당되는 년주를 사용한다.

예를 들어 설명하고자 한다.

양력 1994년 2월 4일(음력 1993년 12월 24일) 오전 10시 43분에 입춘이 들어서는데 1994년 2월 4일 오전 11시에 태어난 사람은 입춘이 넘었기 때문에 甲戌년 丙寅월 辛酉일 癸巳시가 되지만 1994년 2월 4일 오전 8시에 태어난 사람은 입춘이 지나지 않았기 때문에 癸酉년 乙丑월 辛酉일 壬辰시가 된다.

이와 같이 입춘시각이 넘었느냐 넘지 않았느냐에 따라 같은 입춘일로서 辛酉일주는 같지만 년주와 월주는 다르게 됨으로써 전혀 다른 사주명식이 작성되고 운명 또한 판이하게 되는 것이다. 이 부분은 중요한 사항으로 반드시 이해하여야 하므로 다시 한 번 강조해 둔다.

왜냐하면 운명학을 연구하는 사람들이 이 부분에 혼동을 일으켜 당황하는 경우를 수없이 보아왔기 때문이다. 특히 같은 입춘날 출생이라도 입춘시각이 지나지 않았을 때는 전년도에 해당하는 년주와 전년도 12월에 해당하는 월주를 사용한다는 것을 명심해야 한다.

(2) 월주(月柱) 정하는 법

매월 초순에 들어오는 절기(절후라고도 한다)를 기준으로 한다. 1년은 24절기이며, 1개월에 2개의 절기가 초순과 하순에 들어오는바 매월 초순에 들어오는 절기를 기준으로 하고, 하순에 들어오는 절기는 개의치 않는다. 월주는 월건(月建)이라고도 한다.

매월의 기준이 되는 절기는 다음과 같다.

1월(寅)-입춘(立春) 시각이 지나야 한다.
2월(卯)-경칩(驚蟄) 시각이 지나야 한다.
3월(辰)-청명(淸明) 시각이 지나야 한다.

4월(巳)-입하(立夏) 시각이 지나야 한다.
5월(午)-망종(芒種) 시각이 지나야 한다.
6월(未)-소서(小暑) 시각이 지나야 한다.

7월(申)-입추(立秋) 시각이 지나야 한다.
8월(酉)-백로(白露) 시각이 지나야 한다.
9월(戌)-한로(寒露) 시각이 지나야 한다.

10월(亥)-입동(立冬) 시각이 지나야 한다.
11월(子)-대설(大雪) 시각이 지나야 한다.
12월(丑)-소한(小寒) 시각이 지나야 한다.

상기 12개월을 춘, 하, 추, 동 4계절로 구분하면
1월(寅)은 입춘이라 봄이 들어오고,
4월(巳)은 입하라 여름이 들어오고,
7월(申)은 입추라 가을이 들어오고,
10월(亥)은 입동이라 겨울이 들어온다.

1년은 4계절이요, 1계절은 3개월이니

1, 2, 3월(寅卯辰)은 봄의 계절로서 목왕절(木旺節)이요,

4, 5, 6월(巳午未)은 여름의 계절로서 화왕절(火旺節)이요,

7, 8, 9월(申酉戌)은 가을의 계절로서 금왕절(金旺節)이요,

10, 11, 12월(亥子丑)은 겨울의 계절로서 수왕절(水旺節)이다.

월주에 대하여 예를 들어 설명하고자 한다.

양력 1994년 6월 7일 巳시(음력 1994년 4월 28일 巳시)에 출생한 사람은 망종이 양력 6월 6일 06:58에 들어오는데 망종이 지났으므로 사주명식은 5월(망종)에 해당되는 월주 庚午를 사용하여 甲戌년 庚午월 甲子일 己巳시가 된다.

그러나 양력 1994년 6월 5일 巳시(음력 1994년 4월 26일 巳시)에 출생한 사람은 망종 전에 태어났으므로 甲戌년 己巳월 壬戌일 乙巳시가 되어 巳월(입하)에 해당되는 월주 己巳를 사용하게 된 것이다.

월주는 해당되는 절기 시각이 지나서 태어난 사람부터 다음 달 절기에 해당되는 시각이 들어오기 전까지 태어난 사람까지 모두 동일한 월주를 사용하게 되는데, 다시 말하면 1개월 동안에 태어난 사람이 동일한 절기 안에 해당되고 동일한 월주를 쓰게 되는 것이다.

정확히 설명하자면 양력 1994년 5월 6일 02:56(입하 시각) 이후부터 양력 1994년 6월 6일 06:58(망종 시각) 전까지 태어난 사람은 입하 이후에 해당하는 己巳 월주를 사용하여야 한다.

가정하여 양력 1994년 9월 21일 午시(음력 1994년 8월 16일 午시)에 태어난 사람은 태어난 날이 백로는 지났고 한로는 아직 다가오지 않았기 때문에 8월(백로)에 해당되는 월주를 사용하여 사주명식은 甲戌년 癸酉월

庚戌일 壬午시가 된다.

(3) 일주(日柱) 정하는 법

매일 子시를 기준으로 한다.

한국의 경우 일본 동경의 국제표준시를 사용하고 있으나 실제로는 태양이 일본보다 평균 30분 정도 늦게 뜨기 때문에 30분 늦은 시각을 적용해야 한다. 그러므로 실제로는 하오 11:30부터 다음 날 하오 11:29까지 다음 날 일주를 동일하게 써야 한다.

사례를 들어 설명하고자 한다. 양력 1994년 2월 9일 11:50(음력 1993년 1월 29일 11:50)에 태어난 사람이 있다면 사주명시은 甲戌년 丙寅월 丁卯일 庚子시가 된다. 1994년 2월 9일 11:30이 넘어섰기 때문에 9일에 해당하는 丙寅일주가 아닌 다음 날인 10일에 해당하는 일주 丁卯일을 쓰게 된 것이다.

시중에서 야자시(夜子時), 명자시(明子時)라고 하여, 밤 12시를 기준으로 하여 일주와 시각을 달리 보는 이론이 있으나 이것은 잡설에 불과하여 일고의 가치도 없는 것이다. 역학을 연구하고자 하는 순수한 초심자들에게 백해무익한 혼란을 가져올 뿐이며 중국이나 한국 기타 어느 고서에서도 찾아볼 수 없는 이론임을 밝혀둔다. 이러한 잡설에 근거하여 임상을 하여보면 맞지도 않으며 명리학의 기본 개념조차 이해하지 못한 무책임하기 짝이 없는 허무맹랑한 이론이기 때문이다.

왜냐하면 년주는 음·양력 매년 초하루에 구애됨이 없이 입춘 시각을 기준으로 하고, 월주는 음·양력 매월 초하루에 구애됨이 없이 절기 시각을 기준으로 하고, 일주는 매일 0시에 구애됨이 없이 1양이 시생(始生)하는 자시를 기준으로 하여 하루를 시작하기 때문이다.

동양의 최고(最古) 의서인 『황제내경(黃帝內徑)』의 오운육기학에 의하여 사람의 체질 진단을 할 때도 이 법칙이 반드시 적용됨을 밝혀둔다.

(4) 시주(時柱) 정하는 법

하루의 시작은 子시를 기준으로 한다.

한국의 경우 자시는 하오 11:30부터 다음 날 오전 01:30까지에 해당된다. 즉, 전날 하오 11:30부터 다음 날 하오 11:29까지는 동일한 일주를 사용한다.

태어난 일주의 일간이 간합이 되는 날끼리는 태어난 시지(時支) 위에 붙이는 시간(時干)은 다음과 같다.

〈시간(時干) 도표〉

시각 \ 일간	甲·己	乙·庚	丙·辛	丁·壬	戊·癸
子 23:30–01:30	甲	丙	戊	庚	壬
丑 01:30–03:30	乙	丁	己	辛	癸
寅 03:30–05:30	丙	戊	庚	壬	甲
卯 05:30–07:30	丁	己	辛	癸	乙
辰 07:30–09:30	戊	庚	壬	甲	丙

巳	09:30-11:30	己	辛	癸	乙	丁
午	11:30-13:30	庚	壬	甲	丙	戊
未	13:30-15:30	辛	癸	乙	丁	己
申	15:30-17:30	壬	甲	丙	戊	庚
酉	17:30-19:30	癸	乙	丁	己	辛
戌	19:30-21:30	甲	丙	戊	庚	壬
亥	21:30-23:30	乙	丁	己	辛	癸

위 시간 도표를 설명하면, 甲일 子시부터 시 천간에 甲이 子시, 丑시, 寅시, 卯시…… 차례대로 甲子, 乙丑, 丙寅, 丁卯…… 순으로 육십갑자의 순서대로 천간지지가 순환하여 다섯 번째 해당하는 날인 戊일 亥시가 되면 癸亥시가 되어 끝난다. 하루는 12시각이 되고 5일은 60시각이 되기 때문이다.

그리고 己일부터 다시 甲子시부터 시작되어 癸일 癸亥시가 되어 끝난다. 甲일부터 시작하여 癸일까지는 10일간이고, 10일 동안에 60甲子는 2회 되풀이되므로 천간이 합이 되는 날끼리는 시간(時干)이 같게 되는 것이다.

위에서 甲일이라 함은 甲子, 甲寅, 甲辰, 甲午, 甲申, 甲戌일로 모두 똑같은 시간이 적용된다. 다른 십간일도 마찬가지이다. 예를 들면 甲子일 巳시나 甲戌일 巳시는 같은 己巳시가 되며, 己卯일, 己丑일, 己亥일 巳시도 같은 己巳시가 된다는 것이다.

단, 섬머타임(summer time) 시행기간에는 출생 시각에서 마이너스 한 시간(-1시간)을 해서 시각을 적용해야 정확한 사주명식이 작성되고 그에 따른 정확한 사주판단이 나온다는 것을 유념해야 한다.

대운 작성법

출생 연월일시에 의하여 사주명식이 작성되면 사주명식 중 월주를 기준으로 하여 일정한 법칙에 따라 대운을 작성하게 된다.

만약 이 법칙에 의하지 않고 잘못된 대운을 작성하게 되면 전혀 엉뚱한 운세판단을 하게 되는바 세심한 주의를 기울여 대운을 뽑아야 한다.

대운 작성법에는 순운법과 역운법이 있다.

(1) 순운법(順運法)

사주명식 중 년주의 년간(年干)이 남자는 양간(陽干)이고, 여자는 음간(陰干)일 때 해당되며 월주를 순서대로 써 나간다.

순운법을 흔히 양남음녀(陽男陰女)법이라고도 한다. 음양을 논할 때 남자는 양이고 여자는 음인바 남자가 양년에 태어나고 여자가 음년에 태어나면 하늘의 이치에 맞는 것으로 보아 순운법을 적용한다.

(2) 역운법(逆運法)

사주명식 중 년주의 년간(年干)이 남자는 음간(陰干)이고 여자는 양간(陽干)일 때 해당되며 월주를 소급하여 역으로 써 나간다.

역운법을 흔히 음남양녀(陰男陽女)법이라고도 한다. 남자가 음년에 태어나고 여자가 양년에 태어난 것은 하늘의 이치에 맞지 않는 것으로 보아 역운법을 적용한다. 사주의 사례를 들어 설명하고자 한다.

▶ 사례

음력 1994년 3월 29일 辰시에 태어난 사람이 있다고 치자. 양력은 1994년 5월 9일 辰시에 해당된다.

〈남자인 경우〉

庚　乙　己　甲　(乾)
辰　未　巳　戌

　　　　←

69 59 49 39 29 19 9
丙 乙 甲 癸 壬 辛 庚
子 亥 戌 酉 申 未 午

태어난 년주가 甲戌년으로 년간이 甲木이므로 양간에 해당되어 순운법이 적용된다. 육십갑자 순으로 己巳월주 다음부터 순서대로 대운을 적어 나간다.

〈여자인 경우〉

庚 乙 己 甲 (坤)
辰 未 巳 戌
　　　　←

61 51 41 31 21 11 1
壬 癸 甲 乙 丙 丁 戊
戌 亥 子 丑 寅 卯 辰

태어난 년주가 甲戌년으로 년간이 甲木 양간에 해당되어 역운법이 적용된다. 육십갑자의 역순으로 己巳월주 앞에 해당되는 월주 戊辰부터 소급하여 운을 적어 나간다.

▶ 사례

음력 1993년 3월 29일 辰시에 태어난 사람이 있다고 치자. 양력은 1993년 4월 20일 辰시에 해당된다.

〈남자의 경우〉

壬 辛 丙 癸 (乾)
辰 未 辰 酉

←
55 45 35 25 15 5
庚 辛 壬 癸 甲 乙
戌 亥 子 丑 寅 卯

태어난 년주가 癸酉년으로 년간이 癸水 음간이므로 역운법에 의해 육십갑자의 역순으로 丙辰 월주 앞에 해당되는 월주 乙卯부터 소급하여 적어 나간다.

〈여자의 경우〉
壬 辛 丙 癸 (坤)
辰 未 辰 酉
←
55 45 35 25 15 5
壬 辛 庚 己 戊 丁
戌 酉 申 未 午 巳

태어난 년주가 癸酉년으로 년간이 癸水 음간이므로 순운법에 의해 육십갑자 순으로 丙辰 월주 다음부터 순서대로 대운을 적어 나간다.

대운 숫자 산출법

　대운 숫자는 일생 동안의 운세의 흐름을 보는 데 있어 나이를 표시하며 천간 5년, 지지 5년씩 본다. 그러나 실제 운세 판단 시에는 지지의 오행을 훨씬 중요시함에 유의하여야 한다.

　대운을 작성할 때는 사주명식 중 년주, 일주, 시주도 아닌 월주를 기준으로 하여 순운법과 역운법으로 적어 나가는데 그 이유는 사주팔자의 여덟 개 간지 중 가장 강한 오행이 계절을 나타내는 월지에 해당되기 때문이다.

　가령 亥수가 년지, 일지, 시지에 있을 때는 10월이라 하지 않으나 월지에 있을 때는 10월달 겨울철로서 水가 왕한 계절에 해당되어 해당되는 오행의 계절임을 나타내기 때문이다.

　사주명리학은 기상학(氣象學)이라 하여 사람이 태어날 때 어떠한 운기를 가지고 태어났느냐를 보는 것이다. 즉, 음양의 기를 나타내는 태양의 운기를 어떻게 가지고 태어났느냐 하는 것인데 그것은 결국 어떤 계절의 어느 시기에 태어났느냐를 의미하는 것이다.

　역학(易學)은 변화의 원리를 보는 것인바, 가정하여 여름에 태어난 사람은 순운법이든 역운법이든 여섯 번째 대운 간지에서 겨울의 운을 만나게 되고, 겨울에 태어난 사람 역시 순운법이든 역운법이든 여섯 번째 대운에서 여름의 운을 만나게 되어 있다. 태어날 때의 운기와는 전혀 다른 운기를 대운에서 만났을 때 변화의 이치를 보는 것인바, 여기에 명리학의 깊은 묘미가 있다고 보아야 할 것이다.

　이와 같이 대운은 지지의 오행을 아주 중요시하는바, 지지 위주로 하여 다음과 같이 부르기도 한다.

　寅 卯 辰-동방운 또는 木운

　巳 午 未-남방운 또는 火운

　申 酉 戌-서방운 또는 金운

　亥 子 丑-북방운 또는 水운

　때문에 대운에서 천간의 작용력을 살펴볼 때에도 반드시 천간이 천간 밑에 있는 지지에서 어느 정도 뿌리를 뻗었느냐에 따라 달라진다. 즉, 천간오행의 왕쇠를 보아야 한다. 예를 들면 대운 간지가 庚申일 때는 庚금이 申금에 왕하기 때문에 강하게 작용하며 庚午나 庚寅일 때는 囚, 死에 해당되어 庚금의 작용력이 극히 미약하다.

　이제 대운 숫자 산출법에 대하여 설명하고자 한다.

(1) 순운법(順運法)

출생일로부터 다음 달에 해당되는 소속 절기까지의 기간 날짜 수를 3으로 나눈 몫이 대운 숫자이다.

나머지가 있을 경우에는 반올림에 의해 1인 경우는 버리고 바로 그 몫을 대운 숫자로 하며, 나머지가 2인 경우는 몫에 1을 더하여 대운 숫자로 한다.

(2) 역운법(逆運法)

출생일로부터 출생일이 소속하는 해당 월의 절기까지의 소급한 기간 날짜 수를 3으로 나눈 몫이 대운 숫자이다.

나머지가 있을 경우에는 역시 반올림에 의해 1인 경우는 버리고 바로 그 몫을 대운 숫자로 하며, 나머지가 2인 경우는 몫에 1을 더하여 대운 숫자로 한다.

사주의 사례를 들어 설명하고자 한다.

▶ 사례

음력 1994년 8월 8일 午시에 태어난 사람이 있다고 치자. 양력은 1994년 9월 13일 午시에 해당된다.

〈남자인 경우〉

丙	壬	癸	甲	(乾)
午	寅	酉	戌	

68　58　48　38　28　18　 8

庚　己　戊　丁　丙　乙　甲

辰　卯　寅　丑　子　亥　戌

　태어난 해의 년간이 양간 甲木이므로 순운법이다. 태어난 달은 癸酉월이고 다음 달 절기에 해당되는 甲戌월주는 양력 10월 8일에 들어오므로 출생일인 양력 9월 13일부터 양력 10월 8일까지의 기간 날짜 수는 25일간이 된다.

　대운 숫자를 산출하기 위해서는 25를 3으로 나누면 몫이 8이고 나머지는 1이 된다. 대운 숫자는 몫인 8이 그대로 적용되어 8이 된다. 대운 숫자가 8이 나오면 대운 간지 하나하나마다 순서대로 10을 더해가면서 나이에 따른 대운표를 작성한다.

　8세부터 17세까지는 甲戌운에 해당되고, 18세부터 27세까지는 乙亥운에 해당된다. 다른 대운도 역시 같은 방법에 의해 운세를 보게 된다.

　천간 5년, 지지 5년씩을 나누어 보기 때문에 세분하면 8세부터 12세까지는 甲운을 보며, 13세부터 17세까지는 戌운을 본다.

　대운을 판단하는 방법은 사주명식을 분석하여 용신이 나오면 사주용신이 대운 간지와 동일 오행일 때는 그 대운에 해당되는 나이에 대발전과 성공이 있고, 사주 흉신이 대운 간지와 동일 오행일 때는 그 대운에 해당되는 나이에 악운과 실패가 있게 된다.

　상기 대운의 경우 대운에 나타나지 않은 1세부터 7세까지의 운세는 태어난 해부터 시작하여 한 해 한 해 차례대로 세운을 적용하여 본다.

1세는 甲戌년운을, 2세는 乙亥년운을, 3세는 丙子년운을, 4세는 丁丑년운을, 5세는 戊寅년운을, 6세는 己卯년운을, 7세는 庚辰년운을 적용한다. 그리고 8세의 운세는 甲戌대운과 辛巳년운을 같이 겸하여 본다. 이때 대운의 간지를 더욱 중요시하고, 다음으로 辛巳세운의 간지를 중요시하여 같이 보는 것이다.

때문에 대운은 좋으나 세운은 나쁠 때가 있고, 대운은 나쁘나 세운은 좋은 때가 있으며, 대운과 세운이 같이 좋을 때가 있고, 대운과 세운이 같이 나쁠 때가 있어, 사람은 누구나 살아가는 운세가 한결같지 않고 복잡 다양한 것이다. 운세를 판단하는 것 역시 상기와 같은 복잡성 때문에 신중에 신중을 기하여야 하며 경솔함은 금물이다.

위 남자 사주의 경우 사주명식과 대운을 함께 엮어 사주 총평을 하여 보기로 하자.

壬일간 癸酉월에 태어나서 월지에서 생을 받으므로 신왕 사주로 판단한다. 신왕 사주는 재(財)와 관(官)을 용신으로 하는데 이 사주의 경우는 火土가 재관에 해당되어 용신이다. 사주 자체 원국에 火와 土가 旺하므로 부귀(富貴)하는 격국이 좋은 사주이다.

다음으로 대운을 분석하면, 28세부터 37세까지는 丙子 대운으로 천간에 火가 들어오나 지지에 水가 있어 火가 약하므로 큰 발전은 기대할 수 없고, 38세부터 47세까지는 丁丑운으로 火土가 같이 들어오므로 발전이 있으나 丑土가 습토가 되어 큰 발전은 없으며, 48세부터 57세까지는 戊寅운으로 천간 戊土운이 대길이고, 지지 寅운은 시지 午火와 년지 戌土가 寅午戌 삼합을 이루니 丙火 용신이 旺하여 이 시기에는 상당한

부(富)를 쌓을 수 있을 것이다.

위 사주는 식신생재(食神生財)하는 격을 이루고 있어 대운이 좋을 때는 능히 거부가 될 수 있다.

〈여자인 경우〉

丙	壬	癸	甲	(坤)
午	寅	酉	戌	

62	52	42	32	22	12	2
丙	丁	戊	己	庚	辛	壬
寅	卯	辰	巳	午	未	申

태어난 해의 년간이 양간이므로 역운법이다.

태어난 달은 癸酉월이고 출생일이 속하는 癸酉월의 절기는 9월 8일에 해당되므로 출생일인 9월 13일부터 9월 8일까지 소급한 기간 날짜수는 5일간이 된다.

대운 숫자를 산출하기 위해서 계산하면 몫은 1이고 나머지는 2이다. 몫은 1이고 나머지는 2이므로 반올림하여 몫 1에 1을 더한 2가 대운 숫자가 된다. 대운 숫자가 2이므로 순서대로 10을 더해가면서 나이에 따른 대운표를 작성한다. 2세부터 11세까지는 壬申대운에 해당되고 12세부터 21세까지는 辛未대운에 해당된다. 다른 대운도 역시 같은 방법으로 10년씩 보게 된다.

사주명식과 대운을 함께 엮어 사주 총평을 하여 보면 사주용신은 마찬가지로 火와 土이다. 역시 부귀를 자랑하는 사주이다. 다만 대운이 역운으로서 순운법과는 판이하게 다르다. 2세부터 16세까지는 金水운으로 흉신에 해당되어 발전이 없으나 17세 이후는 火土가 계속하여 수십 년간 들어오므로 같은 사주라도 남자의 경우에 비하여 대운이 훨씬 양호하므로 부귀가 더욱 왕성하다고 판단할 수 있다.

'사주불여대운(四柱不如大運)'이라는 말이 있는데, 이것은 사주보다는 대운이 더 좋아야 한다는 뜻으로 상기의 경우에 해당된다고 볼 수 있을 것이다. 특히 대운을 볼 때, 대운에 해당되는 나이에 한 해 한 해의 세운도 같이 겸해서 보아야 훨씬 정확한 판단을 할 수 있다는 것을 유념해야 한다. 뿐만 아니라 그 한 해 중에서도 역시 12개월의 월운을 정확히 살펴보아야 함은 물론 말할 나위가 없다.

대운이 용신인데 세운도 용신이면 대발전이 오고, 대운이 흉신인데 세운도 흉신이면 대흉의 재난이 오며, 대운이 좋은데 세운이 나쁘거나 세운이 좋은데 대운이 나쁘면 길흉의 작용이 상쇄된다.

합(合)

전혀 성질이 다른 두 개의 오행이 합하여 새로운 하나의 오행을 만드는 것으로서 그만큼 두 오행은 서로 간에 유정(有情)하다는 것을 의미한다.

이때 유의할 점은 두 오행이 합하여 새로운 오행을 만드나 합하는 두 오행은 당초 자신의 오행을 완전히 저버리는 것이 아니며, 당초 오행의 작용력이 약해진다는 것이다. 이것은 성정(性情)과 생체구조가 다른 두 남녀가 만나 새로운 자식을 낳는 것과 같은 이치이다.

합하는 힘의 강약은 사주명식에서 가까이 있으면 강하고 멀리 있으면 약하다. 사주명식에 있는 길한 용신(用神)을 합하면 용신에 해당하는 오행의 작용력이 약해지므로 흉하고, 흉신(凶神)을 합하면 흉신에 해당하는 오행의 작용력이 약해지므로 길하다.

합의 작용은 사주명식에서뿐만 아니라 운(運)에서도 작용을 하는데, 여기서 운이라 함은 대운, 세운, 월운, 일운을 말한다. 특히 사주명식과 운에서 합의 작용이 있을 때 운세상의 많은 변화를 가져오므로 사주를 판단하는 데 있어 세심한 주의를 요하게 된다.

합에는 간합(干合)과 지합(支合)이 있다.

(1) 간합(干合)

甲 乙 丙 丁 戊 己 庚 辛 壬 癸를 순서대로 배열했을 때 자기로부터 세어서 여섯 번째 천간과 합이 이루어지며 양간(陽干)과 음간(陰干)이 짝이 되어 간합이 된다.

합이 되어 짝을 이루는 두 천간은 양간은 음간을 극하는 관계로 이루어지는데 이것은 남성(凸)과 여성(凹)의 성적(性的)인 결합을 연상하면 쉽게 이해가 갈 것이다. 즉, 양간을 남성으로 음간을 여성으로 보면 된다.

간합은 다음과 같다.

甲木과 己土는 간합이 되어 土(戊)가 된다.
乙木과 庚金은 간합이 되어 金(庚)이 된다.
丙火와 辛金은 간합이 되어 水(癸)가 된다.
丁火와 壬水는 간합이 되어 木(甲)이 된다.
戊土와 癸水는 간합이 되어 火(丙)가 된다.

상기와 같이 10개의 천간이 5개의 짝을 이루어 합이 되고, 각각 합이 되어 새로운 오행이 만들어져서 土生金, 金生水, 水生木, 木生火 하여 또한 오행의 상생이 이루어진다.

▶ 사례

丁 庚 壬 丁 (乾)
丑 戌 子 巳

위 사주의 주인공은 남자(乾命)이다. 군(軍) 출신으로서 육군참모총장을 역임하고 제3공화국 당시 국무총리를 지냈던 故 정일권 씨의 명이다.

년간 丁火와 월간 壬水가 합이 되고 있다. 丁火 관성의 힘이 합이 됨으로써 약화됐으나 년지에 巳火가 있으므로 천간 丁火가 지지 巳火에 뿌리를 박고 있으니 근본이 강하다. 남방 火운에 관성 丁火가 세력을 얻어서 강해지므로 일생 최고의 대발전을 하여 장기간에 걸쳐 권력 고관이 되었다.

여기에서 주의할 것은 월간 壬水가 년간 丁火와 合이 되어 이 사주에 중요한 길한 작용을 하는 용신 丁火가 없어졌다고 판단해서는 아니 된다는 점이다. 간합이 된다 하여 두 오행이 모두 좋다고 보면 금물이다.

상기 사주의 경우 월간 壬水는 이 사주의 용신(用神) 역할을 하는 년간 丁火를 합하므로 흉(凶)한 작용을 하고 있는 점에 주의를 해야 한다. 그러므로 대운이나 세운, 월운 등에서 壬水가 올 경우에는 운세가 아주 불리하다.

▶ 사례

庚 庚 辛 丙 (乾)
辰 辰 丑 申

위 사주의 주인공 역시 남자로서 제1공화국 당시 국회의장을 역임하고 부통령을 지낸 바 있는 故 이기붕 씨의 명이다.

년간 丙火가 월간 辛金과 합하고 있다. 丙火 관성이 합이 되어 丙火의 힘이 약해지고 있는 터에 년지가 申金이 되어 丙火가 지지에 뻗지 못하고 있으며, 추운 겨울 엄동설한 丑月에 태어나서 천지가 꽁꽁 얼어 丙火의 힘이 극도로 약해진 경우이다.

그러나 丙火가 힘을 얻어 왕성해지는 대운 남방 火운에 대발하여 권세가 천하를 진동했던 것이다. 이 사주 역시 丙火가 월간 辛金과 합하여 없어졌다고 보면 안 된다. 특히 丙辛 합하여 水가 되고 사주에 土金이 왕하여 종왕격(從旺格)으로 보기 쉬운데, 사주명리학은 중화(中和)의 원리를 대원칙으로 하는 기상학(氣象學)임을 항상 유념하여야 한다.

〈간합(干合) 도표〉

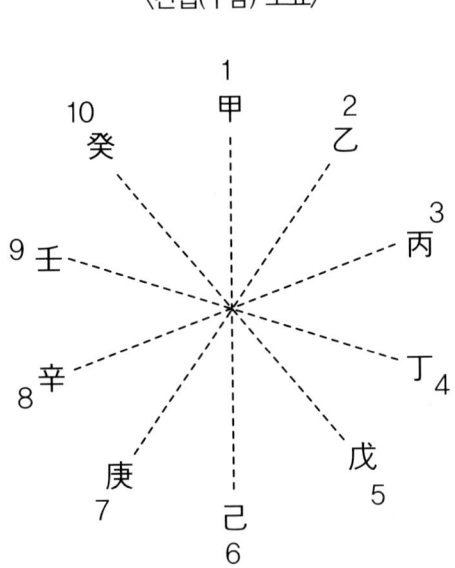

※ 십간을 시계방향으로 순서대로 배열했을 때 대칭되는 오행과 간합이 되며, 각 천간은 자기로부터 세어서 여섯 번째 천간과 합이 된다.

(2) 지합(支合)

子 丑 寅 卯 辰 巳 午 未 申 酉 戌 亥를 시계방향으로 순서대로 배열했을 때 평행되는 지지끼리 지합이 된다.

양지(陽支)와 음지(陰支)가 짝이 되어 지합이 된다. 역시 간합과 마찬가지로 합하는 두 지지는 유정(有情)하여 새로운 오행을 만드나 합하는 두 오행은 당초 자신의 오행을 완전히 저버리는 것이 아니고 작용력이 약해지는 정도이다.

지합은 다음과 같다.

子水와 丑土는 지합이 되어 土가 된다.
寅木과 亥水는 지합이 되어 木이 된다.
卯木과 戌土는 지합이 되어 火가 된다.
辰土와 酉金은 지합이 되어 金이 된다.
巳火와 申金은 지합이 되어 水가 된다.
午火와 未土는 지합이 되나 새로운 오행은 만들지 않는다.

▶ 사례

丙 癸 乙 甲 (乾)
辰 酉 亥 午

위 사주의 주인공은 국무총리와 대한적십자사 총재를 역임했던 故 최두선 씨의 명이다. 일지 酉金과 시지 辰土 관성이 합하여 金이 되었다. 辰土 관성이 亥월에 태어나 습토로서 원래 약한 데다 일지 酉金이 합하여 극히 약해졌다.

그러나 대운이 남방 火운에 들어서자 약한 辰土 관성을 火生土하여 생해주니 辰土 관성이 힘을 얻어 부귀공명하게 되었던 사주이다. 이와 같이 지합이 되더라도 자기 본래의 오행은 저버리지 않고 좋은 운을 만나면 대발전한다는 것을 잊어서는 안 된다.

〈간합(支合) 도표〉

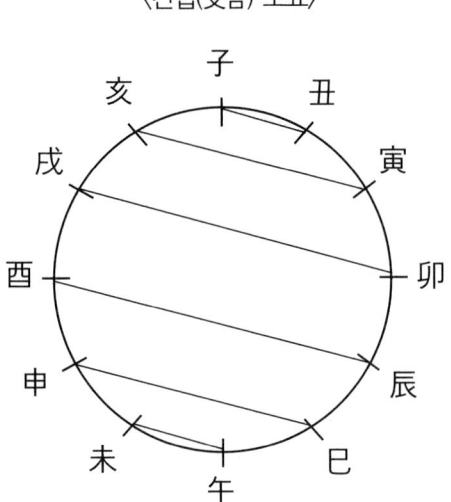

※십이지를 시계방향으로 순서대로 배열했을 때 평행되는 지지(地支)끼리 지합(支合)이 된다.

(3) 삼합(三合)

서로 다른 세 가지 오행의 지지가 합하여 그중에서 하나인 강한 오행을 만들어 내는 것으로서 4가지의 삼합이 있다.

  삼합하여 만들어진 강한 오행이 사주상의 용신에 해당될 때는 대발전의 기운이 있고, 사주상의 흉신에 해당될 때는 대흉의 기운이 뻗친다. 사주명식에서뿐만 아니라 운에서도 삼합은 적용되므로 세심히 살펴보아야 한다.

  삼합 역시 세 가지 오행이 합하여 새로운 강한 오행을 만드나 각자 자신의 근본오행은 그대로 유지한다.

  삼합은 다음과 같다.

亥水와 卯木과 未土가 합하여 甲(木)이 됨.
寅木과 午火와 戌土가 합하여 丙(火)이 됨.
巳火와 酉木과 丑土가 합하여 庚(金)이 됨.
申金과 子水와 辰土가 합하여 壬(水)이 됨.

  상기 삼합의 경우 세 오행이 합하여 가운데 오행이 강해지는 것이 삼합인데 세 오행 중 하나가 빠진 두 오행이 합하는 경우도 반합(半合)이라 하여 삼합의 경우처럼 똑같은 오행이 만들어지나, 반합하여 만들어진 오행의 힘은 삼합의 경우에 비하여 훨씬 약하다.

  또한 사주명식에서 반합이 만들어지고 운에서 나머지 지지가 들어와도 삼합이 이루어지는 것은 마찬가지이다. 같은 이치로 사주명식에 삼합의 지지 중 하나가 있고 대운과 세운, 월운 등에서 나머지 두 개의 지지가 들어와도 삼합이 된다.

▶ 사례

丙 庚 戊 丙 (乾)
子 午 戌 子

위 사주의 주인공은 4선의 축협조합장을 역임한 李모 씨의 명이다. 월지 戌土와 일지 午火가 반합(半合)을 하고 있는데 삼합을 하려면 寅이 있어야 하나 사주 자체 내에서는 없어 운에서 들어와야 寅午戌 삼합이 이루어지게 된다.

甲戌년 丙寅월에 월운에서 寅이 들어와 삼합을 이루는데 마치 하늘이 도우기라도 하듯 이달에 조합장 선거가 있어 압도적으로 4선의 조합장에 당선되었는바, 당시 주위 여론이 비관적이었음에 비추어볼 때 삼합의 위력에 가히 감탄할 만하다고 할 것이다.

이 경우는 사주상으로 丙火 관성이 용신에 해당되는데, 寅午戌 삼합하여 丙火가 만들어짐으로써 丙火 관성이 더욱 왕성해짐으로 해서 대발(大發)하게 된 것이다.

이와 같이 운에서 삼합이 갖추어져 용신에 해당되었기 때문에 대발전이 온 것이며 사주명식뿐만 아니라 운에서도 세심히 잘 관찰하여야 판단에 정확을 기할 수가 있는 것이다.

▶ 사례

丙 庚 庚 己 (坤)
戌 寅 午 卯

위 사주의 주인공은 여자(坤命)로서 사주명식에서 寅午戌 삼합이 전부 있는 경우에 해당된다.

사주 자체 내에 火왕절인 여름에 태어난 데다 水가 전혀 없어 水에 해당하는 신장과 자궁이 선천적으로 약한 사람이다. 戊土 대운에 寅午戌 삼합이 되어 중첩됨으로 해서 丙火가 극성을 부려 너무 태왕(太旺)함으로 해서 水가 발붙일 곳이 없게 되었다.

이러한 경우의 운은 음은 전무(全無)하고 양은 극도로 왕하여 음양의 조화가 편중된 경우에 해당되므로 대흉하게 되는데, 이 戊土 대운에 水에 해당되는 자궁의 절제수술을 받았으며, 이 운에 남편 또한 비명횡사 당하였다. 그 원인은 이 사주에 丙火가 남편에 해당되는 관성인데, 신약사주에 丙火가 흉신인 데다 운에서마저 극도로 丙火가 왕해져서 흉이 겹침으로 인해서이다. 이와 같이 삼합이 이루어지더라도 흉신에 해당되는 경우에는 대흉이 발생한다.

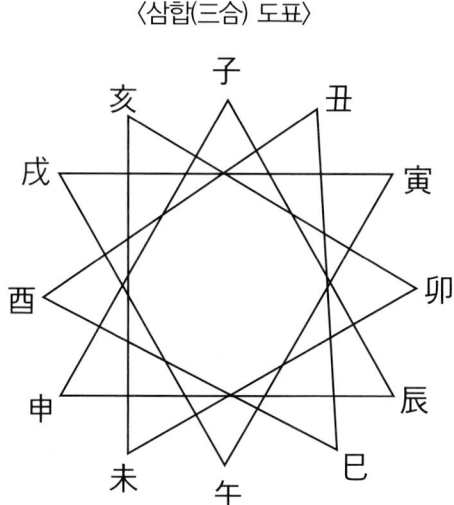

〈삼합(三合) 도표〉

※십이지를 시계방향으로 순서대로 배열했을 때 삼합이 되는 오행끼리 연결하면 정삼각형이 4개 만들어진다.

충(冲)

천간과 지지를 순서대로 배열했을 때 각각 자기로부터 세어서 일곱 번째에 해당하는 오행에서 충(冲)이 되며 충이 되는 두 오행은 서로 상극 관계에 해당된다.

충(冲)의 뜻은 재난, 변동, 요절, 병약 등을 나타낸다. 사주명식에서도 충을 보고 운에서도 충이 작용한다. 특히 운에서 충하는 운이 올 때 급작스런 변동운이 오므로 세심히 잘 살펴야 한다.

충(冲)에서는 간충(干冲)과 지충(支冲)이 있다.

(1) 간충(干冲)

甲木과 庚金은 충이 된다.
乙木과 辛金은 충이 된다.

丙火와 壬水는 충이 된다.
丁火와 癸水는 충이 된다.
戊土와 甲木은 충이 된다.
己土와 乙木은 충이 된다.
庚金과 丙火는 충이 된다.
辛金과 丁火는 충이 된다.
壬水와 戊土는 충이 된다.
癸水와 己土는 충이 된다.

상기와 같이 10간을 오행 순서대로 배열했을 때 자기로부터 세어서 일곱 번째에 해당되는 오행과 간충이 되며, 양간은 양간끼리, 음간은 음간끼리 작용한다. 간충이 되는 두 오행은 서로 상극관계에 해당한다.

특히 사주명식에서 일간(日干)을 충(冲)하는 경우는 두 가지로 보는데, 신왕 사주인 경우 격국이 좋을 때는 편관(偏官)이라고 하여 권력가, 대귀자가 나오고, 신약 사주인 경우 칠살(七殺)이라고 하여 격국이 불미할 때는 재난, 요절 등 불미스런 불운을 면치 못한다.

사주명식 및 운에서도 작용을 하는데, 특히 운에서 잘 살펴보아 불운의 변동 기미를 미리 알아 대비할 수 있어야 한다.

〈간충(干沖) 도표〉

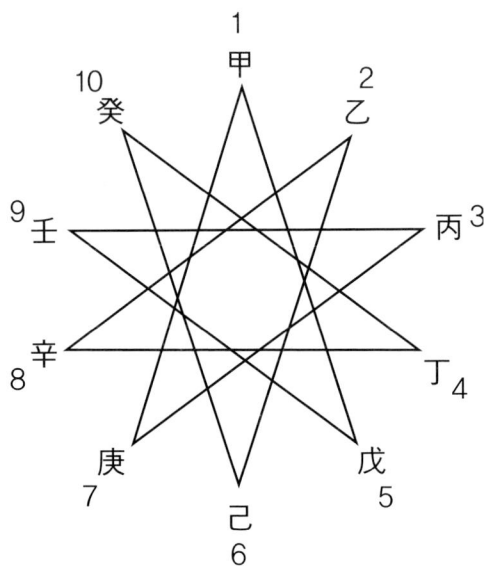

※ 십간을 시계방향으로 순서대로 배열했을 때 자기로부터 세어서 일곱 번째에 간충(干沖)이 이루어지고 두 오행은 상극관계에 해당된다.

▶ 사례

甲 戊 庚 己 (乾)

寅 戌 午 丑

위 사주의 주인공은 1949년생 남자(乾命)이다. 일간 戊土를 시간 甲木이 간충하고 있으며 시간 甲木은 시지 寅木에 뿌리를 두고 있어 강하다.

일간 戊土가 신왕하기 때문에 甲木은 편관에 해당되어 대귀할 수 있는 사주에 해당되는데, 편관은 무관에 해당되는 육신이므로 현재 정보기관의 고급간부로 근무하고 있다.

▶ 사례

丙 乙 癸 辛 (乾)
戌 丑 巳 卯

위 사주의 주인공은 남자로서 사주명식을 살펴보면 일간 乙木이 연간 辛金으로부터 간충을 당하고 있다. 乙木이 신약(身弱)하여 辛金이 칠살(七殺)로 작용하기 때문에 불측의 재난을 당할 소지가 다분히 있다.

辛未년 己亥월에 辛金이 또 들어오니 칠살이 중첩되어 대흉의 불운이 들어오게 되니, 자신이 운영하는 여관 지하실에 설치되어 있는 보일러를 수리하다 보일러가 폭발하는 바람에 일시에 목숨을 잃게 된 비운의 사주이다.

특히 신약 사주에 칠살이 있을 경우 대운(大運)이 불미하고, 세운(歲運)마저 칠살이 들어올 경우에는 최악의 불운이 예상되므로 매사에 철저한 대비를 하여야 한다.

(2) 지충(支中)

子水와 午火는 충이 된다.
丑土와 未土는 충이 된다.
寅木과 申金은 충이 된다.
卯木과 酉金은 충이 된다.
辰土와 戌土는 충이 된다.
巳火와 亥水는 충이 된다.

상기와 같이 12지를 오행 순서대로 배열했을 때 자기로부터 세어서 일곱 번째에 해당되는 오행과 지충이 되며 양지는 양지끼리, 음지는 음지끼리 작용한다.

사주명식에서 지충이 있을 경우 다음과 같은 작용을 한다.

일지(日支)는 배우자궁에 해당되는데 일지를 冲하면 배우자궁이 불길하고,

시지(時支)는 자식궁에 해당되는데 시지를 冲하면 자식궁이 불길하고,

월지(月支)는 부모궁과 직업궁에 해당되는데 월지를 冲하면 부모와 직업에 불길하고,

년지(年支)는 조상궁에 해당되는데 년지를 冲할 경우 조업(祖業)을 계승치 못하고 일찍 출생 고향을 떠나 객지 생활하는 경우가 많다.

상기 내용은 사주명식 자체 내에서도 판단을 하지만 특히 운(運)에서도 작용을 하여 해당되는 운의 시기에 상기와 같은 사항이 발생할 수가 있다.

〈지충(支冲) 도표〉

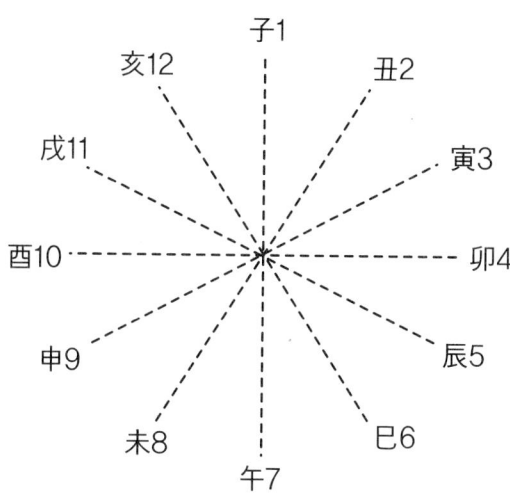

※ 십이지를 시계방향으로 순서대로 배열했을 때 자기로부터 세어서 일곱 번째에 해당되는 지지(地支)와 지충(支冲)이 되며 대칭되는 맞은편이 된다.

▶ 사례

丙 癸 癸 癸 (乾)

辰 酉 亥 巳

위 사주의 주인공은 乾命으로서 남자의 사주이다. 사주명식을 분석해 보면 년지 巳火와 월지 亥水가 지충하고 있다. 일간 癸水에서 보아 巳火는 정재(正財)이고, 시간(時干) 丙火도 정재이다.

남자 사주에 정재는 처(妻)에 해당되는데 정재가 2개라 처가 2명 있는 형국이니, 일부종사(一婦從事)하기 힘든 사주이다.

월지 亥水가 10월에 태어나 월령(月令)을 득하여 왕(旺)한데 년지 巳火

를 水剋火하여 충하고 있으니, 사주원국(元局)이 심히 불미스러운 데다 壬申년에 壬水가 왕하여 水가 火를 극함이 최고조에 달해 이혼을 하게 된 명(命)이다.

또한 년지 巳火를 월지 亥水가 충하여 일찍 고향을 떠나 객지에서 생활하였다.

▶ 사례

己 庚 丙 甲 (坤)
卯 戌 子 午

위 사주는 坤命으로서 여자의 사주이다. 년지 午火가 월지 子水를 충하고 있다. 일간 庚金에서 보아 년지 午火는 정관(正官)으로서 남편에 해당되며, 월간 丙火는 편관(偏官)으로 정부(情夫)에 해당된다.

명리학 용어로서는 소위 관살(官殺)혼잡이라 하여 남편 이외의 정부를 두거나 그렇지 않으면 두 번 결혼하는 명이 된다. 그러므로 남편궁이 불미(不美)한 사주에 해당된다고 보면 된다.

월지 子水가 11월에 태어나 왕한 데다 년지 午火를 水剋火하여 충하고 있고, 1993년 癸酉년에 水가 왕한 해에 水가 火를 극함이 최고조에 달해 남편을 극함이 극성을 부리는 데다 대운마저 申운으로 월지 子水와 삼합인 申子辰의 반합을 이루어 결국은 이혼을 하게 되었던 명이다.

이처럼 사주원국이 흉한데 대운과 세운마저 흉함이 중첩되어 설상가상으로 덮쳐올 때 최악의 불운이 도사리고 있음을 유념해야 한다.

형(刑)

지지(地支)에서만 형이 이루어지고 천간에서는 형이 이루어지지 않는다.

사주명식과 운에서 형을 만나면 사고, 상처, 수술, 형옥, 사망 등이 있을 수 있다. 신왕 사주(身旺四柱)로서 사주격국이 좋고 대운이 좋으면 오히려 권력가, 장군, 의사 등의 직업을 갖게 되는 경우가 많은데 이것은 형(刑)이 강한 살성(殺星)을 의미하나 사주격국의 좋고 나쁨에 따라 형의 작용력이 상반됨을 뜻한다.

(1) 丑戌未 삼형(三刑)

丑土와 戌土와 未土가 전부 있으면 삼형이 된다.

丑土와 戌土가 있어도 형이 되나 삼형보다 작용력이 약하고 운에서 未土를 만나면 삼형이 된다.

戌土와 未土가 있어도 형이 되나 삼형보다 작용력이 약하고 운에서 丑土를 만나면 삼형이 된다.

丑土와 未土가 있어도 형이 되나 삼형보다 작용력이 약하고 운에서 戌土를 만나면 삼형이 된다.

▶ 사례

戊 辛 乙 戌　(乾)
子 丑 丑 戌

이 사주는 남자의 사주이다. 초년 대운 丙寅, 丁卯년에 학업이 우수하고 두뇌가 총명하여 초등학교 시절부터 줄곧 우등생에 반장을 하였으며 서울대 물리대에 우수한 성적으로 합격하였으나, 사주에 丑戌 삼형(三刑)이 중첩되어 있어 대학 시절 운동권 학생으로 활동하여 천신만고의 고생을 하였다.

특히 己未년에는 丑戌未 삼형이 모두 갖추어져 학업이 중도에 중단되는 등 주위 사람의 시선을 안타깝게 했던 사람이다.

(2) 寅巳申 삼형(三刑)

寅木과 巳火와 申金이 전부 있으면 삼형이 된다.

寅木과 巳火가 있어도 형이 되나 삼형보다 작용력이 약하고 운에서 申金을 만나면 삼형이 된다.

巳火와 申金이 있으면 형이 되나 삼형보다 작용력이 약하고 운에서

寅木을 만나면 삼형이 된다.

寅木과 申金이 있으면 형이 되나 삼형보다 작용력이 약하고 운에서 巳火를 만나면 삼형이 된다.

▶ 사례

戊 庚 辛 丁 (乾)

寅 申 亥 巳

위 사주의 주인공은 乾命으로서 사주명식 원국에 寅巳申 삼형을 전부 갖추고 있다. 庚金 일간이 신왕하고 丁火 관성이 년지 巳火에 통근(通根)하여 격국이 최고로 아름다워 대귀할 수 있는 사주이다.

초년에 사범대학을 나와 교직을 갖게 되었으나 일찍 그만두고 군문(軍門)에 들어갔으며, 장성(將星)으로 혁명을 주도하여 일국의 최고 통치권자인 대통령이 되었다.

그러나 삼형의 작용력이 있어 강력한 독재정치를 하는 등 파란만장한 생애를 살았으며, 특히 申金을 寅申 충하고 寅巳申 삼형하여 처궁이 좋지 않았고 대운 巳운에 寅巳申 삼형이 겹쳐 비운의 생애를 마쳤던 故 박정희 대통령의 명이다.

▶ 사례

丙 甲 壬 壬 (坤)

寅 申 寅 辰

위 사주의 주인공은 坤命(女命)이다.

일지 申金을 월지 寅木과 시지 寅木이 중첩하여 형, 충하고 있다.

1989년도 己巳년 己巳월에 寅巳申 삼형이 연거푸 들어오니 불의의 교통사고를 당하여 두 다리를 다치게 되었는바 지금껏 완치를 하지 못하고 불구의 처지가 되었다.

 이와 같이 운에서도 잘 살펴보아야만 불의의 사고를 미연에 방지할 수 있으니 몇 번이고 세심히 잘 살펴보아야 한다. 특히 寅巳申 삼형은 오늘의 차량폭주 시대에 자가운전자들에게 주의를 요하는 것이 寅巳申 지지 모두가 지살(地殺)에 해당되기 때문이다.

오행(五行)의 왕쇠(旺衰)

　천간오행인 십간의 일 년 사계절에 대한 왕하고 쇠약함, 다시 말하면 십간의 1년 12개월에 해당되는 십이지지에 대한 왕쇠를 말한다. 사주감정 시 신왕(身旺) 및 신약(身弱)을 구분하기 위하여 일간을 월지와 대조하여 볼 때도 사용한다. 신왕신약에 대해서는 다음에 나오는 신왕신약편에서 자세히 설명키로 한다.

　원래 천간을 땅 위로 뻗어 나온 줄기로 본다면 지지는 땅속에 뻗은 뿌리로 본다. 한 그루 나무가 강하기 위해서는 줄기도 튼튼해야 하지만 뿌리 또한 견고하게 뻗어야 한다. 그처럼 육십갑자도 지지에 어떠한 오행이 오느냐에 따라 같은 천간이라도 강약의 차이가 다르게 나타난다.

　예를 들어 甲木의 경우 1년 12개월을 뜻하는 십이지지와 대조하여 볼 때 그 강약의 차이 즉, 왕쇠를 보도록 하자.

　甲이 寅(1월), 卯(2월)월에는 지지에서 똑같은 오행을 만나니 가장 강하여 왕(旺)이라고 한다.

甲이 亥(10월), 子(11월)월에는 지지에서 水生木하여 생해주니 역시 다음으로 강하여 상(相)이라 한다.

甲이 巳(4월), 午(5월)월에는 지지를 木生火하여 지지를 생해주니 기를 뺏겨 오히려 약해지는 것이며 휴(休)라고 한다.

甲이 辰(3월), 未(6월), 戌(9월), 丑(12월)월에는 지지를 木剋土하여 극하니 힘이 들어가게 되어 역시 약해지며 수(囚)라고 한다.

甲이 申(7월), 酉(8월)월에는 지지에서 金剋木하여 칼로 나무를 베는 격으로 극하니 가장 약하여 사(死)라고 한다.

상기와 같은 이치에서 甲이 천간에 오는 육십갑자의 왕쇠를 보면

甲寅은 가장 강하고(旺),

甲子는 다음으로 강하고(相),

甲午는 약하며(休),

甲辰, 甲戌은 다음으로 약하고(囚),

甲申은 가장 약하다(死).

다른 십간도 甲木에 준하여 똑같은 원리를 적용하면 된다.

〈천간오행의 왕쇠 도표〉

오행 \ 구분	왕(旺)	상(相)	휴(休)	수(囚)	사(死)
목(甲,乙)	寅,卯	亥,子	巳,午	辰,戌,丑,未	申,酉
화(丙,丁)	巳,午	寅,卯	辰,戌,丑,未	申,酉	亥,子

토(戊,己)	辰,戌,丑,未	巳,午	申,酉	亥,子	寅,卯
금(庚,辛)	申,酉	辰,戌,丑,未	亥,子	寅,卯	巳,午
수(壬,癸)	亥,子	申,酉	寅,卯	巳,午	辰,戌,丑,未

상기 도표를 간단하게 요약하면

천간과 동일한 지지를 만났을 때 旺이 되고,

천간을 생해주는 지지를 만났을 때 相이 되며,

천간이 생해주는 지지를 만났을 때 休가 되고,

천간이 극하는 지지를 만났을 때 囚가 되며,

천간을 극하는 지지를 만났을 때 死가 된다.

목은 寅, 卯월(봄)에 왕하므로 봄을 목의 계절이라 하고,

화는 巳, 午월(여름)에 왕하므로 여름을 화의 계절이라 하고,

금은 申, 酉월(가을)에 왕하므로 가을을 금의 계절이라 하고,

수는 亥, 子월(겨울)에 왕하므로 겨울을 수의 계절이라 하고,

토는 봄, 여름, 가을, 겨울을 잇는 계절 사이에 들어가므로 辰월은 늦봄, 未월은 늦여름, 戌월은 늦가을, 丑월은 늦겨울에 해당된다.

그리하여 4계절을 나눌 때

寅 卯 辰(1, 2, 3)월은 봄,

巳 午 未(4, 5, 6)월은 여름,

申 酉 戌(7, 8, 9)월은 가을,

亥 子 丑(10, 11, 12)월은 겨울로 구분하여 판단한다.

육신법(六神法)과 신왕신약(身旺身弱)은 다음 편에 나오는데 이해를 돕기 위하여 소개하면 다음과 같다.

왕(旺)은 비겁성(比劫星)월에 해당되고,
상(相)은 인성(印星)월에 해당되며,
휴(休)는 식상성(食傷星)월에 해당되고,
수(囚)는 재성(財星)월에 해당되며,
사(死)는 관성(官星)월에 해당된다.

왕, 상(旺, 相)은 신왕(身旺)의 조건이 되고,
휴, 수, 사(休, 囚, 死)는 신약(身弱)의 조건이 된다.

▶ 사례

아래 다섯 사람의 남자 사주는 월주만 다를 뿐 년주, 일주, 시주가 모두 같은 경우이다. 실제가 아니고 일례를 들어 가정하였으나 현실적으로 얼마든지 있을 수 있기 때문에 오행의 왕쇠에 대하여 사례를 들어 상세히 설명하고자 한다.

① 1993년 12월 27일 사시생(음력)

　　　己 甲 丙 甲 (乾)
　　　巳 子 寅 戌

② 1994년 4월 28일 사시생(음력)

　　　己 甲 庚 甲 (乾)

　　　　巳 子 午 戌

③ 1994년 6월 29일 사시생(음력)
　　　己 甲 辛 甲 (乾)
　　　巳 子 未 戌

④ 1994년 9월 1일 사시생(음력)
　　　己 甲 癸 甲 (乾)
　　　巳 子 酉 戌

⑤ 1994년 11월 2일 사시생(음력)
　　　己 甲 乙 甲 (乾)
　　　巳 子 亥 戌

각자의 사주를 풀이해보면,

①의 사주는 丙寅월에 태어났다. 즉, 甲木이 木월에 태어나서 旺에 해당된다. 신왕 사주로서 土(재성)가 용신이며 식신생재(食神生財)하니 대부가 될 수 있다.

②의 사주는 庚午월에 태어났다. 즉, 甲木이 火월에 태어나서 休에 해당된다. 신약 사주로서 水가 용신이니 작가나 교직, 예술 계통이 적격이며 재복은 많으나 사업은 금물이다.

③의 사주는 申未월에 태어났다. 즉, 甲木이 土월에 태어나서 囚에 해당된다. 신약 사주로서 水가 용신이니 관공직, 금융 계통이 알맞다. 사

업을 하더라도 대부는 될 수 없다.

④의 사주는 癸酉월에 태어났다. 즉, 甲木이 金월에 태어나서 死에 해당된다. 신약 사주로서 水가 용신이니 관공직, 금융 계통이 적격이다. 사업은 금물이다. ③의 사주와 비슷하다.

⑤의 사주는 乙亥월에 태어났다. 즉, 甲木이 水월에 태어나서 相에 해당된다. 신왕 사주로서 火土가 용신이니 대부가 될 수 있다.

이와 같이 사주는 태어난 달에 따른 신왕, 신약의 구분과 그에 따른 용신이 달라짐에 따라 직업과 격국이 판이하게 달라지게 된다. 대운을 보아야 함은 물론이다.

오행(五行)의 배속(配屬)

세상에 존재하는 모든 삼라만상뿐만 아니라 인체의 각 기관 및 형상화할 수 없는 방위, 소리, 맛, 기타 모든 것이 오행이 아닌 것이 없는데, 일상적으로 자주 통용되는 대표적인 몇 가지를 오행에 배속시켜 보면 다음과 같다.

〈오행의 배속 도표〉

구분\오행	木	火	土	金	水
天干	甲乙	丙丁	戊己	庚辛	壬癸
地支	寅卯	巳午	辰戌丑未	申酉	亥子
季節	春	夏	四季	秋	冬
方位	東	南	中央	西	北
五常	仁	禮	信	義	知
五色	靑	赤	黃	白	黑

五味	酸(신)	苦(쓴)	甘(단)	辛(매운)	鹹(짠)
五邪	風	熱	燥濕	冷	寒
五管	眼	舌	口	鼻	耳
五臟	肝(乙)	心(丁)	脾(乙)	肺(辛)	腎(癸)
六腑	膽(甲)	小腸(丙)	胃(戊)	大腸(庚)	肪胱(壬)
易數	甲(3),乙(8)	丙(7),丁(2)	戊(5),己(10)	庚(9),辛(4)	壬(1),癸(6)
音	ㄱ,ㅋ	ㄴ,ㄷ,ㄹ,ㅌ	ㅇ,ㅎ	ㅅ,ㅈ,ㅊ	ㅁ,ㅂ,ㅍ

　방위(方位)의 경우 예를 들어 설명하면 다음과 같다.

　우리나라를 서울을 중심으로 가정하여 보면 서울은 土요, 서울의 동쪽인 강릉은 木이요, 서울의 남쪽인 전주는 火요, 서울의 서쪽인 인천은 金이요, 서울의 북쪽인 평양은 水에 해당된다.

　오상(五常)의 경우

　甲乙 일간은 어질고, 丙丁 일간은 예의에 밝으며, 戊己 일간은 믿음이 돈독하며, 庚辛 일간은 의리에 강하며, 壬癸 일간은 지혜가 출중하다.

　오색(五色)의 경우

　소위 음택명당론(陰宅明堂論)에서 혈(穴)을 중심으로 청룡(靑龍)이란 좌측인 동쪽(청색)에 솟은 봉우리요, 백호(白虎)란 우측인 서쪽(백색)에 솟은 봉우리며, 주작(朱雀)이란 앞쪽의 남쪽(적색)에 솟은 봉우리고, 현무(玄武)란 뒤쪽인 북쪽(흑색)에 솟은 봉우리를 말한다.

오미(五味)의 경우

乙 일간으로 사주에 木이 많으나 金이 없으면 木에 해당하는 신 음식은 좋아하나 金에 해당하는 매운 음식은 먹지 못하는 예가 많다.

오사(五邪)의 경우

木火 일간으로 火월에 태어나면 몸에 열이 많고, 金水 일간으로 水월에 태어나면 몸이 한랭한 자가 많다.

오관(五管)의 경우

간장이 좋지 않으면 木에 해당되는 눈에 황달 증세가 오고, 위장이 좋지 않으면 土에 해당되는 입술의 색깔이 검푸르고 침이 마르며 건조하다.

음(音)의 경우

한글은 소리글자로서 닿소리와 홀소리로 되어 있다. 그중 닿소리는 14가지로서 5행으로 구분되는데 ㄱ, ㅋ은 어금니음(牙音)으로 목에 해당되고, ㄴ, ㄷ, ㄹ, ㅌ은 혀음(舌音)으로 화에 해당되며, ㅇ, ㅎ은 목구멍음(喉音)으로 토에 해당되고, ㅅ, ㅈ, ㅊ은 앞니음(齒音)으로 금에 해당되며, ㅁ, ㅂ, ㅍ은 입술음(唇音)으로 수에 해당된다.

성명학에서 이름의 길흉을 판단할 때 음령오행법(音靈五行法)이 있는데 간략하게 소개해보면 이름 세 글자를 음오행(音五行)에 배속시켜 보는 법으로서 각 글자마다 첫 번째 오는 닿소리를 기준으로 하여 상생이 되면 길하고 상극이면 흉하다.

※박 정 희

박(水)-정(金)-희(土)

토생금, 금생수 하여 상생이 이루어지므로 길하게 본다.

※임 걱 정

임(土)-걱(木)-정(金)

금극목 목극토 하여 상극으로 이루어지므로 흉하게 본다.

오장육부(五臟六腑)의 경우

오장은 음(陰)에 해당하며, 외부에서 받아들인 정기를 저장하는 곳으로 내부조직이 치밀하고 자주 충실하게 해 주어야 한다.

오장의 하나인 간장은 일명 화학창고로서 몸 안에 들어온 음식물 중 수많은 독소를 중화시켜 내보내고 중요한 영양소를 만들어낸다. 조그마한 크기라 하나 신비스럽기 짝이 없을 정도로 치밀하게 되어 있어 손상이 가지 않도록 항상 충실하게 해 주어야 한다.

육부는 양(陽)에 해당하며, 곳간(府)의 뜻으로 음식물이 들어와 소화·흡수·배설이 이루어지는 곳으로 대부분 가운데가 비어 있어 잘 통하게 해 주어야 한다.

육부 중 하나인 대장은 음식물이 흡수·배설되는 곳으로 배설이 잘 이루어지지 않아 찌꺼기가 장에 남아있게 되면 변비 등의 현상이 일어나 만병의 근원이 되므로 항상 잘 통하게 해 주어야 한다.

통근(通根)과 득생(得生)

사주명식에서 일간의 강약, 다시 말하면 신왕과 신약의 여부 그리고 년간, 월간, 일간, 시간의 강약 여부뿐만 아니라 대운과 세운, 월운에서의 천간의 강약 여부를 볼 때 통근과 득생이 되었으면 천간의 오행 작용력이 강하고, 그렇지 않으면 천간 오행의 작용력이 미약하게 된다.

통근이란 천간 오행과 동일한 오행이 지지에 있을 때로서 천간이 뿌리를 뻗었다고 하여 통근(通根)이라고 말하며, 오행의 왕쇠 중 왕(旺)에 해당된다.

득생이란 천간 오행을 지지에서 생해주는 오행이 있을 때로서 천간이 생을 받는다고 하여 득생(得生)이라고 말하며, 오행의 왕쇠 중 상(相)에 해당된다.

사주명식 중 천간은 줄기에 해당되고 지지는 뿌리에 해당하므로 뿌리에서 통근 및 득생을 하지 못하면 뿌리 없는 나무에 불과하듯, 일간이나 용신이 사주명식에서 통근 및 득생을 하여야 한다.

▶ 사례

甲 己 癸 乙 (乾)
子 未 未 亥
丙 丁 戊 己 庚 辛 壬
子 丑 寅 卯 辰 巳 午

己土 일간이 월지 未土와 일지 未土에 동일 오행으로 통근하여 신왕 사주가 된다. 신왕 사주는 재관(財官)이 용신(用神)이 되는데 이 사주는 財에 해당되는 亥水, 子水가 년지, 시지에서 득지(得地)하고, 官에 해당되는 乙木, 甲木이 년간과 시간에서 투출하고 있다.

더욱이 아름다운 것은 乙木, 甲木 관성이 바로 밑 지지에서 재성에 해당되는 亥水, 子水로부터 득생을 받아 水生木하였으니 무더운 여름에 태어났으나 물이 풍부하여 나무가 마르지 않으니 관운이 대길할 수 있는 바탕을 가지고 있다.

이렇게 신왕 사주에 용신도 강하므로 사주원국이 격국이 높은 데다 대운마저 중년 이후 목운으로 향하니 관성에 해당되는 목이 대운에서 강력하게 뿌리를 얻어 조선왕조를 개국하게 된 태조 이성계의 명이다.

이 사주는 권력과 명예를 상징하는 관성(木에 해당)이 사주원국에서도 강력한 득생을 하고 있으며, 대운에서도 더욱 강력한 통근을 하여 일국의 권세를 한 몸에 지니게 되었다.

신왕(身旺)과 신약(身弱)

사주명식 중 일간(日干)을 신(身)이라고 하며 사주명식의 주인공 즉, 명주(命主)에 해당된다. 사람은 세상에 태어나면 누구나 한결같이 甲, 乙, 丙, 丁, 戊, 己, 庚, 辛, 壬, 癸 십간 중 하나의 일간을 가지고 태어나며, 그 일간에 의해 그 사람의 타고난 성품과 다른 일곱 개 간지와의 생극관계에 의해 신왕, 신약 및 육신 등을 파악하여 타고난 운명구조를 판단하는 것이다.

일간이 이렇게 중요한 위치를 차지하기 때문에 명리학에서는 일간을 다른 말로 신(身)이라고 표현하며 몸 신(身) 자를 쓰게 된 것이다.

신왕이란 일간이 왕(旺)하다는 것을 말함이며,

신약이란 일간이 약(弱)하다는 것을 말한다.

신왕신약 여부는 사주감정 시 가장 중요한 핵심사항으로 사주명식과 대운이 작성되면 필히 가장 먼저 확실하게 판단하여야 한다.

왜냐하면 신왕신약 판단이 잘못되었을 때에는 아무리 명리학 이론에 통달하였다 할지라도 천리만리 그르치는 오관이 나오기 때문이다. 수십 년 임상을 한 전문 역학인들도 경우에 따라서는 신왕신약 판단이 어려운 사주가 있게 마련이므로 그야말로 중요한 분야임을 명심하여야 한다.

어떠한 사주일지라도 신왕이냐 신약이냐 두 가지 중 반드시 하나에 해당된다.

신왕이란 사주명식 중에서 일간을 기준으로 하여 일간과 동일 오행이거나 일간을 생해주는 간지들의 합한 힘이 일간을 극하거나 일간이 극하거나 일간을 생해주는 것들의 합한 힘보다 강할 때에 해당된다.

신약이란 사주명식 중에서 일간을 기준으로 하여 일간과 동일 오행이거나 일간을 생해주는 간지들의 합한 힘이 일간을 극하거나 일간이 극하거나 일간이 생해주는 것들의 합한 힘보다 약할 때에 해당된다.

사주명리학은 중화(中和)의 원리인데, 모든 사람이 태어날 때 신왕이 아니면 신약이 되어 오행의 힘의 중화에 어긋나거나, 또는 기후의 중화에 어긋나게 태어난다. 이러하기 때문에 사람마다 개성이 다르고, 직업이 다르고, 흥망성쇠의 시기 또한 다르며 인생 또한 천차만별이다.

중화의 원리에 어긋난 불완전한 운명이 사주명식에 그대로 나타난다고 볼 때 중화의 원리에 부족한 오행이 대운에서 들어와 보충하여 줌으로써 모름지기 중화를 이루게 되어 대발전과 성공을 할 수 있게 되는 것이다. 바로 이 부족한 오행이 사주용신(用神)에 해당됨은 더 말할 나위가 없다.

그리하여

신왕 사주는 재성(財星)과 관성(官星)이 용신이 되고,
신약 사주는 비겁(比劫)과 인성(印星)이 용신이 되며,
한랭(寒冷)한 사주는 火가 용신이 되고,
조열(燥熱)한 사주는 水가 용신이 되는 것이다.
이와 같은 이치는 바로 중화의 원리에 충실한 것이다.
그럼 신왕의 조건과 신약의 조건에 대하여 설명하고자 한다.

(1) 신왕의 조건

첫째, 일간이 월지에서 통근했을 때 즉, 월령(月令)을 득했다고 한다.

둘째, 일간이 월지에서 득생하고 년지, 일지, 시지 중에서 통근하거나 득생을 하나 이상 했을 때,

셋째, 일간이 일지에서 통근하고 년지, 시지 중에서 통근하거나 득생을 하나 이상 했을 때,

사주를 감정할 때에 가장 먼저 일간과 월지를, 그 다음에는 일간과 일지를 비교하여 상기의 신왕 조건의 첫 번째 사항부터 세 번째 사항까지 차례로 적용하여 신왕 여부를 판단하여야 한다.

위 세 가지 사항의 경우에 다른 천간과 지지에서 일간과 동일 오행을 만나거나 일간을 생해주는 오행이 있을 때는 더욱 신왕해지는 것은 자명한 이치며 위의 어느 사항에 해당하더라도 한 가지만 충족되면 신왕 사주가 된다.

단, 예외 없는 법칙이 없다고 위 세 가지 사항의 경우에도 일간이 다

른 간지에서 휴, 수, 사에 해당되는 것이 많을 때는 예외적으로 간혹 신약이 되는 사주가 있으니 이런 경우에는 세심히 살펴 왕약을 구별하여야 한다.

▶ 사례
庚 乙 戊 乙
辰 未 寅 卯

위 사주는 乙 일간이 월지 寅木에 통근되어 첫 번째 신왕의 조건에 해당되는데, 년지 卯木과 년간 乙木이 있으니 더욱 신왕 사주가 된 경우이다.

▶ 사례
壬 丙 乙 戊
辰 申 卯 寅

위 사주는 丙 일간이 월지 卯木에서 득생되고 년지 寅木에서 득생되어 두 번째 신왕의 조건에 해당되는데, 월간 乙木이 월지 卯木에 통근되어 일간 丙火를 또 생하여 주니 더욱 신왕 사주가 된 경우이다.

▶ 사례
丁 庚 丁 乙
丑 申 亥 卯

위 사주는 일간 庚이 일지 申金에 통근되고, 시지 丑土가 생해주니 신왕의 조건 세 번째에 해당된 경우로 신왕 사주에 해당된다.

(2) 신약의 조건

신왕의 조건이 아닌 경우는 다음과 같다.

첫째, 일간이 월지에서 극을 받을 때(관성월에 태어난 경우임),

둘째, 일간이 월지를 극할 때(재성월에 태어난 경우임),

셋째, 일간이 월지를 생할 때(식상성월에 태어난 경우임).

위 세 항의 경우일지라도 다른 간지에서 일간과 동일 오행이 많거나 일간을 생해주는 오행이 많을 때는 신왕 사주가 되는 경우가 상당히 있으므로 일률적으로 적용시키는 것은 무리이며 사주명식 자체를 잘 살펴보아 신왕신약을 구분해야 한다.

▶ 사례

戊 庚 甲 丙

寅 子 午 午

위 사주는 일간 庚金이 월지 午火에서 극을 받아 첫 번째 신약의 조건에 해당되는데, 년지 午火와 년간 丙火로부터 극을 받아 더욱 신약하게 된 경우이다.

▶ 사례

庚 戊 癸 癸

申 戌 亥 酉

위 사주는 일간 戊土가 월지 亥水를 극하여 두 번째 신약의 조건에 해당되는데, 년지 酉金과 시간 庚金, 시주 申金을 일간 戊土가 생해주니 더욱 신약하게 되어 신약 사주가 된 경우에 해당된다.

▶ 사례

丁 壬 丁 甲
未 子 卯 寅

위 사주는 일간 壬水가 월지 卯木을 생하여 주니 세 번째 신약의 조건에 해당되는데, 일지 子水에 통근된 경우를 제외하고는 년주, 월주, 시주의 오행 간지가 모두 신약에 해당되어 신약 사주가 된 경우이다.

일간의 왕약(旺弱)과 오-링 테스트 검증법

사주명국을 감정하는 데 있어 제일 먼저 판단해야 할 사항은 일간의 왕약 즉, 신왕이냐 신약이냐의 여부이다.

일반적으로 신왕한 명국은 신약운에 길하고 신왕운에 흉하며, 신약한 명국은 신왕운에 길하고 신약운에 흉하다. 이러한 이치는 중화의 원리에 기인한다.

그러나 문제는 신왕신약의 판단은 어디까지나 명국을 감정하는 자의 자의적인 판단 및 추정일 뿐, 검증할 방법이 없다. 명리학이 추명학(推命學)이 될 수밖에 없는 현실적 한계이다.

명리학 5대기서라 할 수 있는 『연해자평』, 『적천수』, 『명리정종』, 『궁통보감』, 『삼명통회』 등에도 신왕신약을 검증할 수 있는 방법이 언급되어 있지 않다. 검증방법이 없으므로 신왕신약이 불분명하고, 난해한 명국은 추명 적중률이 결국 떨어질 수밖에 없다.

그러나 오-링 테스트에 의한 획기적인 판별방법은 필자가 창안한 검증방법으로서, 임상과 사례를 통하여 검증되고 확신할 수 있으므로 이에 대해 소개한다.

목(甲, 乙) 일간일 경우:
청색을 보았을 때 오-링의 힘이 강하면 신약, 약하면 신왕이다.
화(丙, 丁) 일간일 경우:
적색을 보았을 때 오-링의 힘이 강하면 신약, 약하면 신왕이다.
토(戊, 己) 일간일 경우:
황색을 보았을 때 오-링의 힘이 강하면 신약, 약하면 신왕이다.
금(庚, 辛) 일간일 경우:
백색을 보았을 때 오-링의 힘이 강하면 신약, 약하면 신왕이다.
수(壬, 癸) 일간일 경우:
흑색을 보았을 때 오-링의 힘이 강하면 신약, 약하면 신왕이다.

육신법(六神法)

사주의 주인공 즉, 일간을 기준으로 하여 년주, 월주, 일주, 시주의 천간과 지지를 대조하여 상호 간에 상생상극의 작용관계에 따라 다음과 같이 육신법에 의한 명칭이 부여되는데, 사주 내용을 분석하는 데 중요한 요소가 된다.

대운과 세운을 볼 때도 역시 일간을 기준으로 하여 대운간지를 대조하여 육신법에 의한 명칭이 붙는다.

육신은 아신(我身: 일간을 일컬음), 비겁성, 식상성, 재성, 관성, 인성 여섯 가지로 구분하여 아신을 제외하고 세분하면 열 가지로 나누어진다.

- 비겁성(比劫星)

−비견(比肩)

일간과 오행이 같고 음양도 같은 것.

예를 들면 甲 일간일 경우 천간은 甲, 지지는 寅에 해당된다.

−겁재(劫財)

일간과 오행이 같고 음양이 다른 것.

예를 들면 甲 일간일 경우 천간은 乙, 지지는 卯에 해당된다.

• 식상성(食傷星)

−식신(食神)

일간이 생하는 것으로 음양이 같은 것.

예를 들면 甲 일간일 경우 천간은 丙, 지지는 巳에 해당된다.

−상관(傷官)

일간이 생하는 것으로 음양이 다른 것.

예를 들면 甲 일간일 경우 천간은 丁, 지지는 午에 해당된다.

• 재성(財星)

−편재(偏財)

일간이 극하는 것으로 음양이 같은 것.

예를 들면 甲 일간일 경우 천간은 戊, 지지는 辰, 戌에 해당된다.

−정재(正財)

일간이 극하는 것으로 음양이 다른 것.

예를 들면 甲 일간일 경우 천간은 己, 지지는 丑, 未에 해당된다.

• 관성(官星)

−편관(偏官)

일간을 극하는 것으로 음양이 같은 것.

예를 들면 甲 일간일 경우 천간은 庚, 지지는 申에 해당된다.

−정관(正官)

일간을 극하는 것으로 음양이 다른 것.

예를 들면 甲 일간일 경우 천간은 辛, 지지는 酉에 해당된다.

- **인성(印星)**

-편인(偏印)

일간을 생하는 것으로 음양이 같은 것.

예를 들면 甲 일간일 경우 천간은 壬, 지지는 亥에 해당된다.

-정인(正印)

일간을 생하는 것으로 음양이 다른 것.

예를 들면 甲 일간일 경우 천간은 癸, 지지는 子에 해당된다.

▶ 사례를 들어 사주명식과 대운에 육신을 붙여보면 다음과 같다.

편	정		식			정		식	상
인	인		신			재		신	관
庚	壬	辛	甲	〈사주명식〉		丙	癸	乙	甲
戌	申	未	午			辰	酉	亥	午
편	편	정	정			정	편	겁	편
관	인	관	재			관	인	재	재

정	편	상	식	겁	비		편	정	편	정	편
재	재	관	신	재	견		인	인	관	관	재	재
丁	丙	乙	甲	癸	壬	〈대운〉	辛	庚	己	戊	丁	丙
丑	子	亥	戌	酉	申		巳	辰	卯	寅	丑	子
정	겁	비	편	정	편		정	정	식	상	편	비
관	재	견	관	인	인		재	관	신	관	관	견

〈육신 도표〉

육신\일간	비견 천간	비견 지지	겁재 천간	겁재 지지	식신 천간	식신 지지	상관 천간	상관 지지	편재 천간	편재 지지	정재 천간	정재 지지	편관 천간	편관 지지	정관 천간	정관 지지	편인 천간	편인 지지	정인 천간	정인 지지
甲	甲	寅	乙	卯	丙	巳	丁	午	戊	辰戌	己	丑未	庚	申	辛	酉	壬	亥	癸	子
乙	乙	卯	甲	寅	丁	午	丙	巳	己	丑未	戊	辰戌	辛	酉	庚	申	癸	子	壬	亥
丙	丙	巳	丁	午	戊	辰戌	己	丑未	庚	申	辛	酉	壬	亥	癸	子	甲	寅	乙	卯
丁	丁	午	丙	巳	己	丑未	戊	辰戌	辛	酉	庚	申	癸	子	壬	亥	乙	卯	甲	寅
戊	戊	辰戌	己	丑未	庚	申	辛	酉	壬	亥	癸	子	甲	寅	乙	卯	丙	巳	丁	午
己	己	丑未	戊	辰戌	辛	酉	庚	申	癸	子	壬	亥	乙	卯	甲	寅	丁	午	丙	巳
庚	庚	申	辛	酉	壬	亥	癸	子	甲	寅	乙	卯	丙	巳	丁	午	戊	辰戌	己	丑未
辛	辛	酉	庚	申	癸	子	壬	亥	乙	卯	甲	寅	丁	午	丙	巳	己	丑未	戊	辰戌
壬	壬	亥	癸	子	甲	寅	乙	卯	丙	巳	丁	午	戊	辰戌	己	丑未	庚	申	辛	酉
癸	癸	子	壬	亥	乙	卯	甲	寅	丁	午	丙	巳	己	丑未	戊	辰戌	辛	酉	庚	申

상기 육신도표에서 일간을 지지와 대조하여 육신법에 의한 육신을 붙일 때는 지지가 가지고 있는 지장간의 정기에 해당하는 천간과 대조하여 똑같은 방법으로 붙인다. 지장간의 정기(正氣)에 해당되는 천간은 다음과 같다.

지지(地支)		정기(正氣)
寅	-	甲
卯	-	乙
辰	-	戊
巳	-	丙
午	-	丁
未	-	己
申	-	庚
酉	-	辛
戌	-	戊
亥	-	壬
子	-	癸
丑	-	己

상기 지장간(支藏干)의 정기(正氣)에서,

子는 癸水로 午는 丁火로 보는 것은 체(體)는 양(陽)이나 용(用)은 음(陰)이기 때문이요,

亥는 壬水로 巳는 丙火로 보는 것은 체(體)는 음(陰)이나 용(用)은 양(陽)

이기 때문이다.

더 구체적으로 설명을 하면,

체는 양이나 용은 음이라 함은 子水와 午火가 양지(陽支)에 해당되나 지장간은 癸水와 丁火가 정기로서 음간(陰干)에 해당된다는 것이며,

체는 음이나 용은 양이라 함은 亥水와 巳火가 음지(陰支)에 해당하나 지장간은 壬水와 丙火가 정기로서 양간(陽干)에 해당됨을 말하는 것이다.

• 습토(濕土)와 조토(燥土)

辰土와 丑土는 지장간에 癸水가 들어있어 濕土라 하며 사주원국이 조열(燥熱)할 때 기후의 조후(調候) 역할을 하고, 戌土와 未土는 지장간에 丁火가 들어있어 燥土라 하며, 사주원국이 한랭(寒冷)할 때 기후의 조후(調候) 역할을 한다.

〈육신 상호 간의 상상생극 도표〉

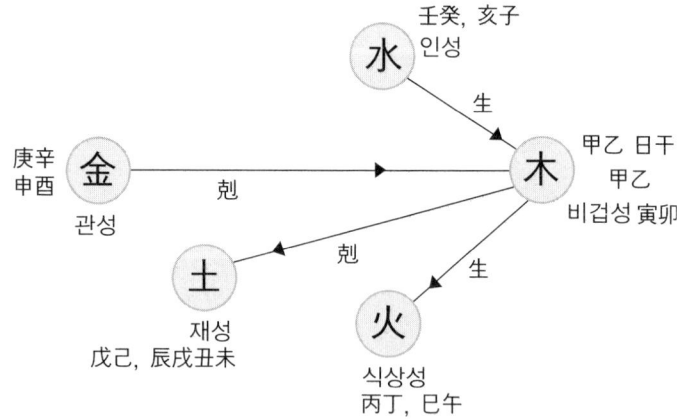

상기 도표를 살펴보면 일간과 비겁성은 식상성을 생하고, 식상성은 재성을 생하고, 재성은 관성을 생하고, 관성은 인성을 생하고, 인성은 비겁성을 생한다.

또한 각 육신을 하나 건너뛰면 일간과 비겁성은 재성을 극하고, 재성은 인성을 극하고, 인성은 식상성을 극하고, 식상성은 관성을 극하고, 관성은 일간과 비겁성을 극한다.

위 육신의 생극법칙은 사주상의 용신과 흉신을 판단하고 운세를 볼 때 대단히 중요하게 활용되므로 필히 숙지해야 한다. 예를 들면 사주명식에서 인성이 흉신에 해당될 경우에 인성을 극하는 재성이 오면 대길하고, 인성을 생하는 관성이 오면 흉하게 되며, 관성이 용신에 해당될 경우에 관성을 생해주는 재성이 오면 대길하고, 관성을 극하는 식상성운이 오면 흉하게 된다.

이러하므로 어떠한 사주명식을 분석하더라도 반드시 사주상의 용신과 흉신이 나오고, 또한 어느 운이 들어오더라도 상기에서 설명한 육신운이 들어오게 되어 있으므로 그들이 오는 운이 좋으냐 나쁘냐 하는 것은 사주용신과 흉신과의 생극관계에 따라 자연히 판별하게 되어 있는 것이다.

이것을 소위 말하면 사주명리학에서 통변(通變)의 원리라고 하며, 이 통변의 원리에 사통팔달해야 명리학의 응용에 뛰어나고 정확한 운명을 판단할 수 있는 것이다.

육신의 의의

육신에 따라 육친관계 및 해당되는 뜻이 각각 다르다.

사주명식 및 운세 판단 시 사주명식의 신왕신약의 여부 및 조후 여부에 따라 사주 자체 내의 어느 육신이 용신에 해당되고 흉신에 해당되는지가 결정되는 것이다. 그리하여 재성이 용신에 해당되는 경우라면 재물운이 좋고, 반대로 재성이 흉신에 해당되면 재물운이 약하다고 보는 것이다.

뿐만 아니라 직업운도 마찬가지여서 재성이 용신에 해당되면 사업운이 좋기 때문에 사업가로서 성공할 수 있지만, 재성이 흉신일 경우에는 사업가보다는 다른 직업을 택하는 것이 좋다고 보는 것이다.

♣ 육신 전반에 대하여 그에 대한 뜻과 직업, 그리고 사주 내에서의 작용에 대하여 자세하게 설명을 하면 다음과 같다.

• 비겁성

-비견(比肩): 형제, 동료, 친구, 독립, 이별, 자아, 분쟁 등을 뜻한다.

-겁재(劫財): 이복형제, 동료, 손재(損財), 자만, 파연(破緣) 등을 의미한다.

사주 내에 비겁성이 용신이거나 비겁성이 많을 경우 자유업이 적당하고, 신왕 사주일 경우 비겁성은 흉신에 해당하며, 신약 사주일 경우 비겁성은 용신에 해당된다.

• 식상성

-식신(食神): 자식(여자 사주일 경우), 의식(衣食), 복록, 장수, 건강 등을 의미한다.

-상관(傷官): 자식(여자 사주일 경우), 구설, 관재, 교만, 극부(剋夫), 반항, 총명, 기예(技藝) 등을 의미한다.

사주 내에 식상성이 용신이거나 식상성이 많을 경우 예술이나 기술 계통 업종이 적당하고, 신왕 사주일 경우 식신은 용신이나 상관은 흉신이고, 신약 사주일 경우 식상성은 흉신이다.

특히 상관은 신왕신약 여부에 관계없이 흉신일 경우가 많으며 상관이 용신인 경우는 조후용신이나 제살하는 경우, 그리고 통관하여 왕성한 기운을 설기하는 경우를 제외하고는 거의 드물다.

• 재성

-편재(偏財): 부친, 첩(남자 사주일 경우), 횡재, 유통재산, 사업, 풍류를 의미한다.

-정재(正財): 처(남자 사주일 경우), 자산, 기업, 고정재산, 성실, 기업을

의미한다.

재성이 용신이거나 재성이 많을 경우 금융 계통이나 사업가가 적당하고, 신왕 사주일 경우 재성은 용신이고, 신약 사주일 경우 재성은 흉신이다.

• 관성

 -편관(偏官): 아들(남자 사주일 경우), 정부(情夫), 무관, 사법관, 모험, 조급, 민첩, 칠살(七殺) 등을 의미한다.
 -정관(正官): 아들(남자 사주일 경우), 남편, 문관, 군자, 명예, 중후, 신용, 직위 등을 의미한다.

사주 내에 관성이 용신이거나 관성이 많을 경우 관직이나 공공기관 직장생활이 적당하고, 신왕 사주일 경우 관성은 용신이고, 신약 사주일 경우 관성은 흉신이다.

• 인성

 -편인(偏印): 계모, 변덕, 고독, 전문업(편업), 문서 등을 의미한다.
 -정인(正印): 생모, 지혜, 인덕, 학문, 문서 등을 의미한다.

사주 내에 인성이 용신이거나 인성이 많을 경우 학자나 종교, 문화사업 등이 적당하고, 신왕 사주일 경우 인성은 흉신이고, 신약 사주일 경우 인성은 용신이다.

♣ 사주감정 시 육신에 대한 해석은 아주 중요하므로 육신이 의미하는 본래의 뜻을 좀 더 집중적으로 자세히 설명을 하고자 한다.

• 비견

가. 개성이 강하여 남과의 타협을 싫어하며 자기주장이 강하다.

나. 부드러운 마음이나 융통성이 부족하여 대인관계에서 손해를 보는 경우가 많다.

다. 자주 독립성이 강하고 남의 힘을 의지하지 않으며 분투심이 강하다.

라. 편관성이 사주에 있으면 비견의 왕성한 개성이 다소 억제되어 큰 마찰 없이 순탄하게 지낼 수 있다.

• 겁재

가. 대단한 야심가로서 남들이 깜작 놀랄 만큼 대담한 일을 곧잘 해낸다.

나. 재(財)를 파한다는 점에서 사주 내에 있으면 아주 흉하다.

다. 사주에 여러 개 있을 경우에는 일확천금을 노리는 등 모험심이나 투기심이 지나쳐 크게 낭패당할 수 있다.

라. 정관이나 편관이 있을 경우에는 결점이 다소 억제되어 신용을 얻을 수 있다.

• 삭신

가. 낙천가로서 건강은 좋은 편이고 융통성이 있으며 평생 식복이 따른다.

나. 여자의 사주에 있으면 장사 솜씨가 좋아서 어떠한 일이든 잘 해결해 내는 수완이 있다.

다. 남의 부탁을 거절하지 못할 정도로 사람이 너무 좋아서 우유부단함 때문에 일을 그르칠 수가 있다.

라. 사주에 편인이 있으면 의식주가 풍족하지 못하고 병에 잘 걸린다든지 자녀운이 나빠지는 수가 있다. 이러한 경우 편인을 도식(倒食)이라 한다. 왜냐하면 식신의 좋은 기운을 충으로 극하여 손상하게 되기 때문이다.

• 상관

가. 총명하나 비판정신이 왕성하고 반항적인 성격이 강하여 말썽을 일으키는 경우가 많다.

나. 여자인 경우 미인이며 섹시하고 머리가 좋아서 많은 남성의 부러움을 사나 이성운이나 결혼운은 좋지 않다.

다. 사주 내에 정관이 있는데 상관까지 있는 경우가 아주 나쁘다. 정관성의 좋은 점을 상관이 다 망가뜨리기 때문이다.

라. 정인이나 편인이 하나만 사주 내에 있어도 상관의 흉한 기운을 적당히 견제할 수 있다.

• 편재

가. 남녀불문하고 인정이 두터우며 상냥하고 융통성이 많아서 누구하고도 잘 친해질 수 있는 사교가이다.

나. 사고방식이 자유분방하며 사소한 일에 구애받지 않고 인간미가 넘치며 당연히 친구가 많다.

다. 남의 돈을 잘 운용하여 때로는 큰돈을 벌 수도 있으며 사주 내에 편관성이나 정관성이 있으면 더욱 그 뜻이 강해진다.

라. 사주 내에 비견이나 겁재가 있으면 돈을 쓸 줄만 알지 모으는 데

는 서투르거나 게으른 경향이 강하다.

• 정재

가. 올바르지 못하고 비정상적인 것을 용납하지 못하는 원칙주의자나 정의파인 사람에게 많다.

나. 편재가 현금의 융통 수완이 좋고 불규칙적인 수입이 많은 데 비하여, 정재는 고지식하고 착실하게 일하여 정상적인 축재를 하는 기질이 강하다.

다. 정관성과 식신성이 사주에 함께 있으면 대기업가가 될 수 있다.

라. 겁재가 사주 내에 있으면 돈을 잘 벌기도 하지만 낭비도 심하여 큰 재산을 모을 가능성이 희박하다. 왜냐하면 정재의 좋은 기운을 충으로 극하여 손상하게 되기 때문이다.

• 편관

가. 남녀불문하고 권력 지향적이며 남들과 논쟁하기를 즐기며 절제력이 부족하다.

나. 용감무쌍하여 스스로 위험한 일에 뛰어드는 모험심이 강하고, 파란만장한 생애를 살아갈 확률이 높다.

다. 화를 잘 내고 성급하게 일을 결정하며 파괴적인 기질이 농후하다.

라. 사주 내에 식신이나 정인이 있으면 이 편관은 칠살의 운기가 약해지고 정관성 구실을 하게 된다. 왜냐하면 식신은 칠살의 기운을 충으로 극하기 때문이고, 정인은 칠살이 일간을 강하게 충극하는데, 정인이 있어서 통관을 하여 칠살이 인성을 생하고 인성이 일간을 생해주기 때문

이다.

- **정관**

가. 여러 사람의 존경과 신망을 받는 사람, 지도력이 뛰어난 사람에게 나타난다.

나. 남성에게는 입신출세의 별이고, 여성에게는 훌륭한 남편을 만날 암시가 있다.

다. 사주 내에 정인, 정재, 편재가 있으면 고위직에 오르거나 고위직의 남편을 만날 수 있다.

라. 상관성이 사주 내에 있거나 공망, 형, 충이 있으면 길 작용이 없어질 수 있다. 왜냐하면 상관성이 정관의 좋은 기운을 충으로 극하고, 공망, 형, 충 역시 군자다운 기품을 손상하기 때문이다.

- **편인**

가. 독창성이 풍부하여 독특한 아이디어, 발명, 창안, 예술, 저작 등에 비상한 재주를 발휘한다.

나. 조직체에서 지시나 통제받는 것을 아주 싫어하며, 자유분방한 기질이고 성격이 까다롭다.

다. 좋아하고 싫어하며, 지지하고 반대하는 기질이 너무 분명하고, 흥미 없는 일에는 전혀 시선을 돌리지 않는 기질이 농후하다.

라. 사주에 식신이 있어도 편인이 있으면 식신의 좋은 운이 상쇄되어 버린다.

• 정인

가. 항상 열심히 공부하고 연구하며, 명예와 직위가 보장된다.

나. 유명한 학자, 작가, 시인, 예술가로서 성공하는 사람에게 많다.

다. 정인이 있고 사주 내에 정관까지 있으면 정인의 작용력은 더욱 왕성해져 복(福), 덕(德), 수(壽)에 대한 길 작용이 강해진다.

라. 정재나 편재가 사주에 있으면 정인의 길 작용이 상쇄되어 행운을 놓치는 경우가 있다.

♣ 사주명식은 8개의 간지로 이루어지는데 일간을 기준으로 하여 일곱 개 간지와의 관계를 보아 상기 육신을 붙이게 되므로 결국은 일곱 개의 육신이 생기게 된다.

사주명식의 구조가 사람마다 다르듯이 육신의 종류도 어떠한 것은 겹치는가 하면 어떠한 것은 전혀 없는 것도 있게 된다. 이러하므로 그 육신이 뜻하는 의미에 따라 사주 내용도 여러 가지로 다르게 나타나게 되는 것이며, 사주 자체의 신왕신약과 조후 등 용신, 흉신에 해당하는 육신 및 그 오행에 따라 천차만별의 운명구조가 나타나게 되는 것이다.

일간을 기준으로 하여 대운과 세운을 볼 때도 똑같은 방법으로 육신을 붙이는데, 대운과 세운에서 각 육신을 만날 때 다음과 같은 일들이 발생하는 경우가 많다.

단, 신왕, 신약에 따라 길흉의 작용이 달라짐을 알아야 한다.

• 비견, 겁재운을 만날 때

가. 형제, 동료들의 도움이나 재산, 명예를 분탈당하는 일이 생긴다.

나. 동업자로 인하여 성공하거나 경쟁, 분쟁이 일어난다.

다. 부부간에 불화하거나 이혼하는 수가 있다.

라. 부친 사업의 실패, 또는 부친과 별거하는 경우가 있다.

마. 배우자가 삼각관계에 빠지는 경우가 있다.

• 식신운을 만날 때

가. 실직자는 직장을 얻게 되고 사업활동이 활발해지고 신규사업을 개척하는 일이 생긴다.

나. 사주에 칠살이 왕해서 중병을 앓거나 어려운 처지에 놓였을 때 명의나 명약을 얻어 완치를 보거나, 건곤일척의 좋은 기회를 만나 대성공을 할 수 있다.

다. 여자는 자녀를 출산하거나 자녀에게 경사스러운 일이 있다.

• 상관운을 만날 때

가. 공직에서 물러나거나 좌천, 실직, 폐업 등이 있게 된다. 명예 추락, 소송, 시비, 설화 등이 있다.

나. 여자는 남편의 사별, 이별, 유고 등이 있고 설사 재산상의 성공이 있다 하더라도 남편에게로 해로운 일이 발생하고, 자식을 낳는 일이 있다.

다. 길한 경우 음악, 기예, 학술, 웅변 등에서 우수한 재능을 인정받아 크게 성공할 수 있다.

라. 사주에 상관이 있을 경우 '난세의 별'이라고 하여 좋고 나쁨이 극단으로 나타나는 경우가 많다.

• 정재운을 만날 때

가. 신왕 사주는 재산의 축적이 이루어진다. 처를 통한 경사나 재산 취득이 있다.

나. 신약 사주는 금전 출입이 빈번하나 재산의 손실이 많고 과로로 건강을 해친다.

다. 미혼자는 좋은 처를 얻어 결혼하게 된다.

• 편재운을 만날 때

가. 증권 투자, 부동산 투자 등으로 횡재를 하거나 손재를 하게 된다.

나. 여자관계, 주석(酒席) 등의 일이 자주 있게 되고, 여자문제가 발생하여 처와 불화할 수 있다.

다. 신왕 사주는 재산상의 큰 이익을 보나 신약 사주는 재물을 탐하다 부도 및 손재(損財)를 하게 된다.

라. 신왕 사주인 경우 부친의 재산을 상속받는 경우가 있다.

• 정관운을 만날 때

가. 영전 및 명예가 상승한다.

나. 자식에게 경사가 있고 득남하는 경우가 있다.

다. 국가기관과 관련된 일이 성사되고, 윗사람으로부터 인정을 받고 새로운 직장을 얻거나 공직에 취임하게 된다.

라. 상관이 사주 내에 있는 경우 여자는 남편 사망, 이혼, 불화가 있다. 남자는 실직, 투옥, 소송, 불의의 사고가 있다.

마. 미혼 여성의 경우 결혼을 하게 되고, 기혼 여성의 경우 남편이 출

세를 하게 된다.

• 편관운을 만날 때

가. 신왕 사주는 실권 있는 직책을 갖게 되고 명예가 상승하며 신변이 다망해진다. 아들을 득하는 경우가 있다.

나. 신약 사주는 관소송, 질병, 재난, 폭발사고 및 남편의 신상에 문제가 발생한다.

다. 편관은 칠살로서 고통과 질병, 재난을 일으키는 흉살이나 인성을 만나 살인화생(殺印化生)하거나 식신을 만나 식신제살(食神制殺)하면 귀하게 된다.

• 정인운을 만날 때

가. 길운이 될 때는 어머니에게 경사가 있고 어머니의 도움을 얻으며 윗사람의 도움, 시험 합격, 신규개업, 취직, 영전, 학문의 업적, 유산 상속 등이 있으며, 사주명식에 재성이 많고 신약한 경우에는 재산 서류, 유가증권 등의 재산상의 경사가 있다.

나. 단, 사주명식에 인수가 흉신에 해당되고 신왕 사주인 경우에는 반대로 흉함을 당한다.

• 편인운을 만날 때

가. 편인을 효신(梟神), 도식(倒食)이라고 부르는데, 효신은 올빼미를 일컬으며 올빼미는 낮에는 잠자고 밤에는 바삐 행동하여 모자(母子)의 사랑이 변덕스러워 자식이 어미를 잡아먹는 조류이다. 식신이 사주명식

에서 용신에 해당될 때 편인운을 만나면 실직, 파산, 도박 탕진, 사망 등의 일이 발생한다.

나. 편인이 사주명식에 용신에 해당될 때는 기술, 발명, 예능, 저술, 임기응변의 지혜 등으로 성공한다. 또한 전문직 종사가 길하다.

다. 살인(殺印)이 유기(有氣)할 때는 지장(智將), 권모(權謀)로 이름을 날린다.

▶ 사례

```
정     식 정
관     신 재
壬 丁 己 庚 (乾)
寅 亥 卯 申
정 정 편 정
인 관 인 재

丙 乙 甲 癸 壬 辛 庚
戌 酉 申 未 午 巳 辰
```

위 사주는 국내 재벌인 한진그룹 회장님의 명이다. 丁火 일간이 주인공으로서 월지에서 득생하고 시지에서 득생하였다. 또한 일지 亥水가 시지 寅과 지합하고 월지 卯와 삼합의 반합을 하여 木이 旺해지니 신왕사주에 해당된다.

신왕 사주이니 년간 정재가 년지 정재에 통근하였으나 능히 극할 수 있고, 시간 정관이 일지 정관에 통근하였으나 능히 극함을 감당할 수 있다. 다시 말하여 재성과 관성을 감당할 수 있으니 재성과 관성이 용신에 해당되어 부귀를 자랑할 수 있는 사주명국이 갖추어져 있다.

丁火가 식신 己土를 생하고 己土 식신이 庚金 재성을 생하니 이것을 식신이 생재를 한다고 하며, 이러한 사주에 재성운이 오면 일약 대발하여 거만금의 부를 축적하게 된다. 대운 申酉운에 재성에 해당하는 金운이 들어오니 가히 재벌이 되었다.

▶ 사례

```
정   편 겁
관   재 재
壬 丁 辛 丙  (乾)
寅 未 丑 申
정 식 식 정
인 신 신 재

丁 丙 乙 甲 癸 壬
未 午 巳 辰 卯 寅
```

위 사주는 丁火 일간이 소한이 지난 엄동설한 12월에 태어났다. 시지 寅木이 일간을 생해주는 유일한 의지처로서 인성에 해당된다.

월간에 편재와 년지에 정재가 土生金하여 강하나 신약 사주에 해당되므로 재성은 흉신에 해당되며, 뿐만 아니라 용신인 인성을 극하므로 사업 방면은 금물이며 재물복 또한 풍족치 못하다.

대운 초년부터 木운이 들어와 인성이 뜻하는 학문에 뛰어나 일찍이 과거에 장원급제하고, 겨울에 태어나 사주가 한랭한데 火대운이 들어오므로 대발하여 대학자, 대정치가가 된 조선시대 이율곡 선생님의 명이다.

 허나 사주가 너무 신약하고 용신이 미약한 데다 일지와 월지가 丑未 刑, 冲하고, 시지와 년지가 刑, 冲하여 파란곡절이 많았었다. 이러한 사주는 사주불여대운(四柱不如大運)이라고 사주보다는 대운이 좋아서 대성공한 경우에 해당된다고 보면 될 것이다.

육신의 왕약

　육신이 왕하기 위해서는 해당 육신이 천간에 투출하고 지지에서 통근하거나 득생해야 한다. 천간에 투출은 했으나 지지에서 통근이나 득생을 못했을 때는 뿌리 없는 나무와 같아 오히려 천간에 투출하지는 않았으나 지지에서 나타나 있는 것이 더 강하다. 왜냐하면 일반적으로 지지의 힘이 천간의 힘보다 3배 정도의 힘을 가지고 있는 것으로 판단하기 때문이다.

　육신이 가장 왕한 경우는 월지에 통근하고 천간에 투출한 경우와, 동일기둥에서 동일 오행으로 천간 지지가 통근하고 있을 때이다.

　사주가 좋기 위해서는 용신에 해당되는 육신이 천간에 투출하고, 지지에서 통근이나 득생을 얻었을 때이며, 이와 더불어 대운에서 용신운이 들어올 때 대성공을 하게 된다. 아무리 사주가 좋다 하더라도 대운에서 용신은커녕 흉신운이 올 때는 능력은 있으나 뜻을 이루지 못하여 백사가 허망하게 된다.

다시 말하면 아름다운 사주는 용신에 해당되는 육신이 사주 자체 내에서 통근이나 득생을 하고, 역시 대운에서도 용신에 해당되는 육신이 대운 지지에서 통근이나 득생을 해야 한다는 것이다.

반대로 불미스러운 사주는 흉신에 해당되는 육신이 사주 자체 내에서 통근이나 득생을 하고, 나아가 대운에서도 흉신에 해당되는 육신이 대운 지지에서 통근이나 득생을 하는 경우이다.

▶ 사례

甲 己 壬 癸 (乾)

戌 未 戌 亥

丙 丁 戊 己 庚 辛

辰 巳 午 未 申 酉

위 사주는 己土 일간이 신왕 사주에 해당된다. 년간 癸水 정재가 亥水에 통근하고, 시간 甲木 정관이 투출하니 재관이 용신에 해당되어 사주 원국이 부귀할 수 있는 격국을 이루고 있다.

그러나 대운은 흉신에 해당되는 火土 운이 40년간 들어오니, 능력은 있으나 뜻은 이룰 수 없는 대표적인 사주에 속한다.

초년, 중년 운이 불미하여서 주역과 의술에 관심을 갖고 독학으로 정진하였으며 갖은 고생을 하였으나 말년 운에서 관성목운이 용신운으로 위아래로 통근하여 들어오니 대발복 성공하여 세인을 놀라게 했던 분의 명이다.

▶ 사례

丙 甲 戊 庚 (乾)

寅 子 寅 子

59 49 39 29 19 9

甲 癸 壬 辛 庚 己

申 未 午 巳 辰 卯

丙 甲 戊 庚 (乾)

寅 戌 寅 申

51 41 31 21 11 1

甲 癸 壬 辛 庚 己

申 未 午 巳 辰 卯

위 두 사주는 신왕 사주로서 재관에 해당되는 土金이 용신인 점에서는 같다. 그리고 대운도 숫자만 다를 뿐 순운법으로 같다.

그러나 두 번째 사주가 戊土 재성이 일지 戌土에 통근하고 庚金 편관이 년지 申金에 통근되어 재관이 첫 번째 사주보다 훨씬 왕하므로 부귀와 성공의 정도가 비할 바가 못 된다.

용신론(用神論)

　용신은 사주감정상 가장 중요한 오행 중 하나의 오행으로서, 이른바 사주의 핵심이자 꽃이다.

　사주명식에 용신이 강하게 자리 잡고 있어야 대부대귀할 수 있고 용신이 약하면 그만큼 성공의 강도는 약해진다. 즉, 격국(格局)의 크고 작음은 용신의 강약에 비례한다.

　어떠한 사주도 용신은 반드시 있기 마련이다. 용신을 판단하는 것이 아주 쉬운 사주도 많지만, 경우에 따라서는 난해하여 용신을 판단하기가 어려워 혼란을 가져오는 사주도 있기 때문에 그만큼 세심한 주의를 요하게 된다. 왜냐하면 용신을 잘못 판단하였을 시는 전혀 엉뚱한 사주감정을 하게 되어 천리만리를 그르치는 결과를 초래하기 때문이다.

　그리하여 세칭 용신을 판단하는 것을 '용신을 잡는다' 라고도 표현하는 것이다. 사주에서 용신이 정해지면 용신을 생해주는 오행을 희신(喜神)이라 하고, 용신을 극하는 오행을 흉신(凶神)이라 하며, 흉신을 생해주는 오행을 기신(忌神)이라고 부른다.

상기 네 가지 종류인 용신, 희신, 흉신, 기신은 사주명식에서도 있을 수 있으며, 운에서도 역시 올 수 있다.

네 가지가 대운에서 올 경우 용신운이 가장 대길(大吉)이며 인생 최고의 성공과 발복의 시기에 해당되고, 희신운은 소길(小吉)이며, 흉신운은 대흉(大凶)으로서 인생 최악의 파멸과 위명(危命)의 시기에 해당되고, 기신운은 소흉(小凶)에 해당된다.

사주명식에서 용신이 약할지라도 대운에서 용신운이 강하게 들어오면 기대 이상의 상당한 성공을 하고, 사주명식에서 용신이 강할지라도 대운에서 흉신운이 강하게 들어오면 능력은 있으나 성공을 할 수 없으니 설사 시작은 있으나 결말은 없게 되고, 기대는커녕 용두사미격이 된다. 그리하여 사주불여대운(四柱不如大運)이라 하였으니 사주가 아무리 좋아도 대운만은 못하다는 뜻이다.

흔히 대운이나 세운이 극히 좋지 않은 흉신운이 들어올 때 전혀 엉뚱한 일을 꾸미거나 신규 사업에 투자하는 등 자신만만하게 의욕을 가지고 뛰어드는 경우가 허다한데 자의든 타의든 결국은 실패로 돌아가게 되니 실로 운명의 아이러니가 아닐 수 없다.

▶ 사례

甲 丁 甲 癸 (乾)
辰 酉 子 巳

76 66 56 46 36 26 16 6
丙 丁 戊 己 庚 辛 壬 癸
辰 巳 午 未 申 酉 戌 亥

위 사주는 1949년 10월 1일 중화인민공화국을 수립한 故 모택동 주석의 명이다. 丁火 일간이 년지 巳火에 통근했으나 월지 子水가 시지 辰土와 삼합의 반합인 水局을 이루고 일지 酉金으로부터 생을 받으니 신약 사주에 속한다.

그리하여 사주용신은 丁火 일간이 한랭한 겨울에 태어나 신약하니 조후상으로도 그렇지만 비겁성인 火가 해당되고, 희신은 火를 생해주는 木이 해당된다. 특히 이 사주는 시간에 甲木과 월간에 甲木 인성이 투출하여 좌우에서 약한 丁火를 생해주니 인성이 쌍으로 아름답다. 인성의 뜻은 지혜와 학문을 의미하니 모 주석은 일찍이 공산주의 이론을 깊이 연구하여 중국 실정에 맞는 독특한 혁명이론을 창안해 내었다.

대운을 살펴보면 46세 이전은 金水 대운이니 水는 용신 火를 극하는 흉신이고, 金은 흉신인 水를 생하는 기신에 해당되어 중국 공산당 역사에 길이 남는 만리장정 등 천신만고의 고생을 하였다.

그러나 51세 이후 未土 대운부터 남방운이 들어오니 대발하여 중화인민공화국을 수립하여 주석이 되었으며 그 후 요지부동의 권력을 장악한 채 30여 년간 권좌에 군림하였다.

81세 이후의 대운 辰운은 상관운으로 심히 불미스러운 데다 辰土가 습토로 월지 子水와 합하여 흉신에 해당되어 파란 많은 혁명가의 생을 마감하였다.

이 사주에서 한 가지 주의할 점은 56세 이후 戊土 상관운에 중화인민공화국을 수립하고 주석이 된 것인데 戊土가 년간 癸水 흉신을 합하여 용신인 火로 변했기 때문으로 본다.

용신 잡는 법

사주명리학은 중화(中和)의 원리를 대원칙으로 하는 학문으로서, 사주의 핵심인 용신을 정하는 방법은 힘의 균형에 의한 중화의 원리인 억부법과 기후의 조절에 의한 중화의 원리인 조후법에 의해 정한다.

(1) 억부법(抑扶法)

힘의 균형에 의한 중화법으로서 사주명식상 태과(太過)하고 불급(不及)된 오행에 대하여 생극제화(生剋制化)의 법칙에 따라 신왕 사주는 재관(財官)을 용신으로 하고, 신약 사주는 인성(印星) 및 비겁(比劫)을 용신으로 한다.

신왕 사주는 사주 내에 비겁이나 인성이 강하고 재성과 관성이 약하므로 재성과 관성을 용신으로 하여 보충하여 줌으로써 중화를 가져오는 것이고, 신약 사주는 사주 내에 비겁이나 인성이 약하고 재성과 관성이 강하므로 비겁과 인성을 용신으로 하여 보충하여 줌으로써 중화를 가져오는 것이다.

　이것이 바로 약한 것은 생해주고, 강한 것은 극함으로써 중화를 이루어내는 생극제화의 법칙이다. 한방의학에서 허한 것은 보해주고, 실한 것은 사하는 허보실사(虛補實瀉)의 이치와 같은 개념으로 이해하면 된다.

(2) 조후법(調候法)

　기후의 조절에 의한 중화법으로서 무더운 여름(巳, 午, 未월생)에 태어난 사주에 목, 화(木, 火)가 많은 경우는 너무 조열(燥熱)하므로 水가 용신이고, 엄동설한 겨울(亥, 子, 丑월생)에 태어난 사주에 金, 水가 많은 경우는 너무 한랭(寒冷)하므로 火가 용신이다.

　이 조후법은 신왕신약 여부를 떠나서 기후에 따라 용신을 취하는 점이 생극제화에 의한 억부법과 다르다. 사주명식을 뽑고서 용신을 정하고자 할 때는 억부법을 적용할 것이냐 조후법을 정할 것이냐를 제일 먼저 판단해야 하니, 조후법을 적용할 때는 신왕신약에 구애를 받지 않는다.

　많은 역학서적들이 용신을 잡기 전에 격국을 알아야 하고, 격국이 정해진 다음에 용신을 잡는다고 하여 소위 격국 용신론을 한결같이 주장하고 있다. 그리하여 격국에는 내격, 외격, 강왕격, 종격, 가화격, 그 외 특별격 등 수없이 많으나 어떠한 사주고 살펴보면 두세 가지 이상의 격국이 혼합되어 있어 순수한 격국을 찾아보기가 힘들게 된다. 이러하므로 감정하는 자의 자의적인 판단이 생길 수 있으며, 나아가서 오판의 여지 또한 높을 수밖에 없는 것이다.

격국 타령과 용신 타령 하는 데 수년, 길게는 수십 년을 뜬구름 잡듯 허송세월하는 경우가 비일비재한데, 필자가 30여 년간 임상을 하면서 느낀 최종적인 결론은 결국 모든 사주의 판단은 억부법과 조후법 두 가지로 풀리게 된다는 사실이다. 즉, 중화의 원리를 벗어나서는 안 된다.

특히 강왕격, 종격 등은 건강상 이상이 있는 경우가 허다하여 부귀는 커녕 질병에 신음하는 경우가 많았으며, 옛말에 '의자(醫子)가 주역(周易)을 모르고 어떻게 의자라고 할 수 있겠는가' 라고 하였듯이 사주감정은 운세와 더불어 운명의 주인공인 그 사람의 건강과 질병도 반드시 함께 보아야 함을 뼈저리게 느꼈기에 새삼스레 강조하고자 한다.

▶ 사례

戊 己 己 庚 (乾)
辰 酉 丑 子
56 46 36 26 16 6
乙 甲 癸 壬 辛 庚
未 午 巳 辰 卯 寅

위 사주는 己土 일간이 丑월에 태어나고 비겁성이 많아 신왕 사주이다.

신왕 사주이므로 재성과 관성에 해당하는 水와 木이 용신이 될 수 있을 것 같으나 소한이 지난 엄동설한 丑월에 태어난 데다 辰土, 丑土가 습토이고 사주 자체 내에 金水가 왕하여 너무 한랭하므로 조후가 필요하다.

이러한 사주는 억부법이 아닌 조후법을 적용하여 火를 용신으로 해야 한다. 사주에 火가 전혀 없어 사람됨이 청결하나 얼굴이 창백하고 활발하지 못하다. 또한 심장이 약하여 술을 일체 하지 않는다.

壬辰 대운에 건전치 못한 신앙에 빠져들어 많은 마음고생과 재산상의 손실을 가져왔는바, 만약 이 사주가 조후법이 아닌 억부법을 사용해야 한다면 신왕운에 재운이 들어 많은 부를 축적하였어야 하나 오히려 손재하였으니 조후를 써야 함이 분명하다.

癸巳대운은 남방 火운에 들어가니 고급음식점을 개업하여 번창하고 있으며 현재 학원사업을 준비 중에 있다. 이 경우 癸水대운은 지지가 火 대운에 들어있고 癸水가 사주 상의 시간 戊土와 합하여 火 용신이 되니 길하게 되었다.

▶ 사례

丁 癸 丙 己 (乾)
巳 巳 寅 卯
67 57 47 37 27 17 7
己 庚 辛 壬 癸 甲 乙
未 申 酉 戌 亥 子 丑

위 사주는 특별한 사주로 역학을 공부한 사람이면 누구나가 한결같이 종격(從格)이라 하여, 약한 일간 癸水가 사주 자체 내에서 비겁성과 인성이 없어 식상성, 관성, 재성만이 있으므로 자기 자신보다는 사주상의 강한 오행인 재성과 관성을 쫓음으로 오히려 대부대귀한다고 하는 종격 사주이다.

그러므로 대운에서나 세운에서 재성과 관성이 오면 대발전하고, 인성과 비겁운이 오면 최악의 나쁜 일이 발생하게 되는 것이다.

그렇다면 초년부터 지금까지 金水운이 들어오므로 거의 수명을 잃었거나 인간다운 삶을 살 수가 없었다고 판단해야 옳다. 그러나 현실은 그러하지 않으니 결국은 종격은 맞지 않았다는 것을 의미한다.

위 사주의 주인공은 약사(藥士)로서 사업에도 손을 대어 나름대로의 부(富)도 가지고 있으니 결국은 억부법의 용신인 金水운이 대운에서 들어와 사주명국의 약한 일간 癸水를 그래도 도와줬기 때문이라고 본다.

특히 戊土대운이 좋지 않아서 대장수술을 받아서 생명을 건진 바가 있고, 水가 약하여 평소 혈액순환이 잘 안 되어 술과 담배는 일체 금하고 있으며 본인 스스로 건강이 좋지 않음을 알고 섭생과 건강관리에 최선을 다하고 있다.

이 사주가 67세 이후 己未대운에 들어서면 위명(危命)하다고 보는 것은 년간이 己土 칠살이 사주 자체 내에 있는 데에다 대운에서 천간지지로 칠살운이 들어오기 때문이고, 특히 신약 사주에 칠살운은 대기(大忌)하는 이치이다.

용신 오행과
오-링 테스트 검증법

　사주명국을 감정하는 데 있어서 일간의 강약을 구분하고 용신론에 의한 용신을 판단했음에도 용시에 대한 확신이 서지 않으면 추명을 할 수가 없다. 이러하므로 용신을 명리학의 핵심이요, 꽃이라 하는 것이다.
　이러한 어려운 문제를 해결하고자 필자가 창안하고 수많은 임상과 사례를 통하여 검증된 오-링 테스트에 의한 획기적인 용신 판별법을 소개한다.

木 용신 :
청색을 보았을 때 오-링의 힘이 아주 강해진다.
백색을 보았을 때 오-링의 힘이 아주 약해진다.

火 용신:
적색을 보았을 때 오-링의 힘이 아주 강해진다.

흑색을 보았을 때 오-링의 힘이 아주 약해진다.

土 용신:

황색을 보았을 때 오-링의 힘이 아주 강해진다.
청색을 보았을 때 오-링의 힘이 아주 약해진다.

金 용신:

백색을 보았을 때 오-링의 힘이 아주 강해진다.
적색을 보았을 때 오-링의 힘이 아주 약해진다.

水 용신:

흑색을 보았을 때 오-링의 힘이 아주 강해진다.
황색을 보았을 때 오-링의 힘이 아주 약해진다.

부귀빈천(富貴貧賤)

부귀가 삶의 전부일 수는 없으나 재물과 명예를 싫어하는 사람은 드문 것 같다.

사주명리학은 아주 현실적인 학문으로서 사람에 따라 부귀의 정도가 어느 정도이며 또 어느 시기에 이루어지는지를 체계적으로 논리정연하게 밝힐 수 있는바, 대별하여 부자사주, 대귀사주, 부귀사주, 빈천사주로 나눌 수 있으며 평상인의 사주도 정도의 차이일 뿐 아래에 준하여 알 수 있을 것이다.

(1) 부자(富者) 사주

신왕(身旺)하고 재왕(財旺)한 경우에 부자가 된다.

첫째, 신왕 사주로서 재왕하고 대운에서 용신운이 올 때 부자가 된다.

둘째, 신약 사주로서 재왕하고 대운에서 신왕운이 올 때 부자가 된다. 이 경우 신약이더라도 일간이 통근이나 득생을 하고 전체적으로 신약 사주에 해당한 경우를 말한다.

(2) 대귀(大貴) 사주

신왕(身旺)하고 관왕(官旺)한 경우에 대귀한다.

첫째, 신왕 사주로서 대운에서 용신운이 올 때 대귀한다.

둘째, 신약 사주로서 관왕하고 대운에서 신왕운이 올 때 대귀한다. 이 경우 신약이더라도 일간이 통근이나 득생을 하고 전체적으로 신약 사주에 해당한 경우를 말한다.

(3) 부귀(富貴) 사주

신왕(身旺)하고 재관(財官)이 왕한 경우에 부귀한다.

첫째, 신왕 사주에 재관이 왕하고 대운에서 용신운이 올 때 부귀한다.

둘째, 신약 사주에 재관이 왕하고 대운에서 신왕운이 올 때 대귀한다. 이 경우 신약이더라도 일간이 통근이나 득생을 하고 전체적으로 신약 사주에 해당한 경우를 말한다.

(4) 빈천(貧賤) 사주

첫째, 일간이 극히 약하고 용신이 극히 미약한 경우로서 대운도 흉신운이 올 때 빈천하게 된다.

둘째, 일간이 극히 왕하고 용신이 극히 미약한 경우로서 대운도 흉신운이 올 때 빈천하게 된다.

▶ 사례

乙 癸 庚 辛 (坤)
卯 巳 子 巳

丁 丙 乙 甲 癸 壬 辛
未 午 巳 辰 卯 寅 丑

癸水 일간이 子월에 태어나고 통근한 데다 년간, 월간에서 인성이 생해주니 신왕 사주이다.

신왕 사주는 재성과 관성이 용신인데 이 사주는 재성이 강하다. 특히 왕수(旺水)가 시주에 왕한 식신을 생하고, 식신은 또한 년지 재성과 일지 재성을 생하여 주니 소위 식신이 생재하여 능히 부자가 될 수 있다. 乙巳대운 즉, 남방 火운인 재성운부터 대발하여 갑부가 되었다.

辰대운은 관성에 해당되지만 습토로서 월지 子水와 삼합하여 더욱 수가 왕해져 흉신운에 해당되어 水는 신장에 해당되므로 이 운에 자궁절제 수술을 받았다.

사주명식상의 질병 진단은 한 가지 오행이 너무 왕하거나 반대로 극히 약하거나 없을 때 그 오행에 해당되는 장부에 오는 경우가 많다. 위 사주는 부자 사주의 조건 첫 번째 경우에 해당된다.

▶ 사례

庚 戊 癸 癸 (乾)

申 午 亥 巳

丁 戊 己 庚 辛 壬

巳 午 未 申 酉 戌

戊土 일간이 亥월에 태어나고 시주에 왕한 식신이 왕수를 더욱 생하여 주니 신약 사주에 해당된다. 인성과 비겁이 용신인데 남방 火土운에 조후와 더불어 약한 일간을 도와주니 일약 대갑부가 되었다. 부자 사주의 조건 두 번째 경우에 해당된다.

▶ 사례

戊 庚 辛 丁 (乾)

寅 申 亥 巳

乙 丙 丁 戊 己 庚

巳 午 未 申 酉 戌

위 사주는 庚 일간이 일지에 통근했으나 다른 지지에서 통근이나 득생을 하지 않아 신왕 사주로 보기가 어렵다. 그러나 시간에 戊土가 생해주고 월간에 辛金이 도와주고 있다. 이런 경우는 亥월에 태어나 겨울에 속하고 일간이 金에 속하니, 월지 亥水를 더욱 생해주어 사주가 한랭한 경우에 속한다.

억부법과 조후법 중 어느 것을 택하느냐가 문제이다. 사주상으로 분석해보면 水는 하나요, 火는 두 개이나 오행의 힘을 비교한다면 水가 훨씬 왕하다고 보는 것이다.

丁火가 년지 巳火에 통근했으나 월지 亥水는 여덟 개의 사주간지 중 가장 강한 힘을 가지고 있다. 월지는 계절을 나타내는 기후의 상징이기 때문이다. 월지 亥水와 년지 巳火가 冲하여 사화가 약해졌다고 판단해야 한다.

이러한 의미에서 보면 이 사주는 조후법을 선택하여 火를 용신으로 하고 木을 희신으로 행한다. 그리하여 남방 火대운에 대발하여 대통령이 되었다. 火는 관성으로 관운이 충천한 것이다. 대귀사주 조건 첫 번째 경우에 해당된다.

▶ 사례
甲 丁 辛 壬 (乾)
辰 丑 亥 寅
戊 丁 丙 乙 甲 癸 壬
午 巳 辰 卯 寅 丑 子

丁火 일간이 亥월에 태어나 년간 壬水 정관이 투출하니 신약 사주로서 정관이 왕하다.

년지 寅木과 시간 甲木이 인성으로 丁火를 생해주니 학문에 뛰어나고 어진 성품을 지닌 사람이다. 丁火가 겨울에 태어나서 사주에 金水가 많으니 억부법과 조후법으로나 火가 용신이며 약한 화를 생해주는 木이 희신이다.

대운이 木火대운으로 향하니 평생에 관운이 탄탄대로를 달렸으며, 임

임진왜란 당시 영의정을 지낸 서애 류성룡의 사주이다. 당시 조정 대신들의 반대를 무릅쓰고 이순신 장군을 천거하였으며 임진왜란의 뼈아픈 반성을 담은 『징비록』을 썼던 역사적 인물이다. 대귀사주의 조건 두 번째에 해당하는 사주이다.

▶ 사례

庚 甲 甲 戊 (乾)
午 辰 寅 戌

辛 庚 己 戊 丁 丙 乙
酉 申 未 午 巳 辰 卯

甲木 일간이 寅월에 태어나고 월간 甲木이 도우니 신왕 사주이다.

년간에 재성 戊土가 戌土에 통근하고, 시간에 庚金 편관은 일지 辰土가 생해주니 이것을 말하여 소위 재왕생관(財旺生官)이라 한다. 사주명식이 신왕하고 용신에 해당되는 재성과 관성이 왕하니 부귀를 겸전하는 사주의 대표적인 예라 하겠다.

대운이 40년간 재성과 관성에 해당되는 土金운으로 달리니 늙도록 부귀하고 또한 장수하였던 예전 공화당 정권 시절 당의장을 역임한 故 윤치영 선생님의 명이다. 위 사주는 부귀사주의 조건에 해당되는 사주이다.

▶ 사례

壬 丙 癸 丁 (乾)
辰 申 丑 酉

丙丁戊己庚辛壬
午未申酉戌亥子

丙火 일간이 丑월에 태어나 신약한데 金水가 사주에 왕하여 극히 신약하게 된 사주이다. 丙火가 통근 및 득생을 전혀 못하고 년간 丁火도 뿌리가 없어 큰 도움이 되지 못한다.

이렇게 년주, 월주, 일지, 시주 전체가 흉신으로 가득 찰 때는 부모운, 형제운, 배우자운, 자식운이 전부 불미스러우니 세상 살아가는 것이 각박하여 고단하고 외롭다.

일찍이 공무원 하위직 근무를 2년여 하다가 그만두고 청운의 꿈을 안고 미국으로 건너갔으나 갖은 고생을 다하였으며 10년여의 외국생활을 마치고 귀국하여 뒤늦게 결혼하였다. 가정생활을 하면서 여러 가지 일에 손을 댔으나 번번이 실패하고, 여자문제로 인하여 이혼까지 하게 됐으니 그 참담한 생활은 이루 말할 수가 없다.

이 사주가 극도로 신약한 신약 사주에 관살이 혼잡되어 있고, 정재, 편재가 혼잡되어 있으니 직업 변천이 심하고 여자관계가 복잡하다. 왜냐하면 재관이 흉신에 해당되는 데다 대운마저 金水운으로 흉신에 해당되기 때문이다.

많은 역술가들이 이러한 사주의 경우 종격(從格)이라 하여 金水운에 재관을 종(從)하니 대부귀(大富貴)한다고 할 것이나 터무니없는 말씀이다. 丙火 일간이 뿌리가 없는 데다 왕수(旺水)로부터 극을 받음이 심하니 심장판막증세가 있으며 건강도 심히 염려된다.

이 사주는 당연히 火 용신에 木이 희신이다. 이러한 경우 억부법으로나 조후법으로나 용신이 똑같다.

사주 감정법

한 사람의 사주를 감정하기 위해서는 먼저 출생년월일시에 의한 정확한 사주명식과 대운을 산출한 다음 지금까지 익힌 모든 명리학 이론을 동원하여 다음과 같은 순서에 의하면 가장 정확하고 신속한 판단이 가능하다.

첫째, 신왕신약을 구분한다.
신왕의 조건 3가지를 차례대로 적용하여 이 중 하나에 해당하면 신왕이고, 그렇지 않으면 신약이다. 단, 예외가 있어서 신왕신약의 판단이 어려울 경우는 지나간 대운이나 세운에서 검토를 해야 하는데 비겁성, 인성운이 길하였으면 신약 사주요, 재성 관성운이 길하였으면 신왕 사주로 판단하면 된다.

둘째, 용신을 잡는다.

억부법과 조후법 중 어느 것을 적용할 것인지를 잘 판단하여 용신을 잡는다. 용신이 정해지면 그 용신이 일간을 기준으로 하여 어느 육신에 해당되는가를 보아 직업 및 성품 등을 파악하고 또한 용신의 강약에 의해 부귀빈천의 그릇을 파악한다.

나아가 용신을 극하는 흉신도 반드시 알아두어야 하며 용신을 생하는 희신, 흉신을 생하는 기신도 함께 알아두어야 한다. 예외적으로 시주에 따라 희신, 기신이 적용되지 않을 경우도 있다.

셋째, 대운에서 용신이 들어오는 때를 파악한다.

세운과 월운에서도 용신이 들어오는 때를 파악해야 더욱 상세하고도 확실한 판단이 이루어짐을 알아야 한다. 대운이 용신일지라도 세운이 흉시에 해당될 때는 긴한 작용력이 떨어지므로, 월운까지 감안히여 용신인지 흉신인지를 판단해야 한다.

넷째, 성공과 발복하는 시기는 용신운이 들어오는 때이고, 실패와 몰락, 사망 등의 시기는 용신이 충, 극, 합을 당하는 운이거나 흉신이 강하게 발동하는 시기이다.

인간은 세상을 살아가면서 부귀와 무병장수 그리고 성공을 바라지만 오히려 실패하고 몰락하여 심지어는 사망에 이르는 흉측한 재난이 평온한 삶에 결정적인 상처를 안겨주는 경우가 허다하다.

이러하므로 한 사람의 명을 볼 때는 용신이 가장 강하게 들어올 때와 흉신이 가장 강하게 들어올 때를 정확히 파악하여 준비되고 예측 가능한 삶을 개척하는 데 명리학의 진가를 최대한 발휘해야 할 것이다. 이러한 측면에서 필자가 임상하면서 뼈저리게 느낀 중요한 사항을 소개하고자 한다.

첫째, 신약 사주에 칠살운은 매우 나쁘다.
특히 사주 자체 내에 칠살이 있을 경우와 상관이 있을 경우는 흉의 작용이 훨씬 강해진다. 갑작스런 재난, 질병, 사망 등이 있다. 하지만 예외인 경우가 있는데, 사주명국에 인성(정인이든 편인이든 불문한다)이 강력하게 있으면 강한 칠살의 운기를 통관시켜서 살인화격(殺印化格)이 되면 흉을 면하는 경우가 있다.

둘째, 신왕 사주에 겁재도 대흉이다.
재산상의 손실이 크며 파산, 부도, 부부간의 이별, 사별 등이 있다.

셋째, 상관운은 신왕, 신약 여부를 불문하고 특별한 경우를 제외하고 거의 나쁘다.
특히 사주 자체 내에 상관이 있거나 정관이 있을 때 그러하다. 신왕 사주는 관성을 상하기 때문이고 신약 사주는 더 말할 나위 없이 나쁘다. 관재수, 사업부도, 파산, 부부 이별, 사망 등 불명예스러운 일들이 발생한다.

상기의 흉측한 운세가 언제 도래하는지를 대운이나 세운, 월운 등에서 미리 파악하여야 한다. 이러한 시기에는 과대한 야망, 신규 및 확장 투자, 전직, 전업 등 기타 모든 일에 과욕을 삼가고 삼가 근신하여야 하며 추후에 오는 좋은 운을 기다려 내일을 기약해야 할 것이다.

제2장

◆

명리학 응용편
命理學 應用編

지장간(支藏干)

땅의 기를 나타내는 지지가 하늘의 기를 나타내는 천간을 12개 지지 속에 가지고 있다는 뜻으로서, 하늘의 양기를 땅이 받아들여 모든 생물이 성장하듯이 지지에 천간이 암장(暗藏)되어 있음을 뜻한다.

예를 들어 무더운 여름날 갑자기 소나기가 온 후 하늘이 개이고 다시 밝은 태양이 나타났다고 하자. 하늘은 더 맑고 푸르게 보이지만 땅은 하늘에서 내린 비를 흡수하여 겉으로는 빗물이 보이지 않을지라도 땅속에 촉촉한 수분을 간직하고 있는 것이다.

이와 같이 하늘의 기를 나타내는 천간은 날씨의 기운이 한 가지로 나타나나, 땅의 기를 나타내는 지지는 비록 여름의 뜨거운 날씨일지라도 습기를 간직하고 있는 복합성이 있다고 볼 수 있을 것이다.

이처럼 지지는 계절이 변화해가는 1년의 과정을 12개월로 나누어 구분하고 있는바, 여름에서 가을로 바뀔 때 가을의 서늘한 기운 속에 여름의 뜨거운 기를 간직하고 있는 것이며, 또한 겨울에서 봄으로 바뀔 때

역시 겨울의 한랭한 냉기가 봄의 따스한 회춘의 기운 속에 남아서 포함되어 있는 것이다. 바로 이러한 것을 암장(暗藏)이라 하며, 음 중에 양이 있고 양 중에 음이 있다고 함은 바로 이러한 이치를 비유하여 표현한 것이다.

월지에 寅이 있을 경우 입춘이 지난 봄이라고 하지만 월지가 아닌 년지, 일지, 시지에 인이 있으면 봄이라고 하지 않는다. 마찬가지로 월지에 亥가 있으면 입동이 지난 겨울이라고 하지만 월지가 아닌 년지, 일지, 시지에 亥가 있으면 겨울이라고 하지 않는다. 이와 같이 월지는 해당되는 오행의 계절을 나타내는 것으로서 사주명식의 8개의 간지 중 가장 강한 오행의 기운을 나타낸다. 그리하여 월지를 월령(月令) 또는 제강(提綱)이라고도 한다.

지장간의 뜻을 이해하려면 계절의 변화를 나타내는 월지 즉, 매월 매월의 기상 변화를 생각해 보면 쉽게 수긍할 수 있다.

寅은 1월 달로서 戊土, 丙火, 甲木 세 가지 천간 오행이 지장(支藏)되어 있는데, 살펴보면 寅은 입춘이 지난 1월 달로서 전월(前月)은 12월 丑土이다. 그래서 12월의 토(土)기가 입춘이 되었지만 넘어와서 戊土가 초기에 암장되어 있는 것이며, 입춘이 지나면 태양의 온기가 있기 때문에 회춘(回春)이라고 하듯이 丙火의 기운이 중기에 암장되어 있고, 또한 입춘이 서서히 지나감에 따라 봄의 성장 기운인 甲木의 기운이 정기(正氣)로서 들어와서 봄을 상징하게 되는 것이다.

卯는 2월 달로서 완전한 봄이기 때문에 봄의 정기인 木氣를 나타내는 甲木, 乙木이 암장되어 있으며, 1월 달이 초기에 전월의 기운으로서 12월의 土가 암장되어 있듯이 2월은 1월의 기운인 甲木이 2월 달로 넘어와 초기로서 암장되어 있는 것이다.

辰월(3월)부터 丑월(12월)까지의 지장간도 이와 같은 이치로서 구성되어 있는바, 상기에 준하여 해석하면 지장간 도표에서 보는 바와 같이 갈 것이다.

그러나 주의할 것은 지지에 육신을 붙이거나 왕, 상, 휴, 수, 사의 생극을 볼 때는 반드시 지지가 나타내는 정기(正氣)를 위주로 해야 하며, 초기 및 중기는 계절의 심천(深淺)을 볼 때 참고로 보아야 한다.

다시 말하면 寅월은 甲木, 卯월은 乙木, 辰월은 戊土, 巳월은 丙火, 午월은 丁火, 未월은 己土, 申월은 庚金, 酉월은 辛金, 戌월은 戊土, 亥월은 壬水, 子월은 癸水, 丑월은 己土로 보아야 한다는 것이다.

월지가 아닌 년지, 일지, 시지로 볼 때도 역시 상기와 마찬가지로 지장간의 정기(正氣)를 위주로 하여 판단하고 초기, 중기에 해당하는 지장간은 참고로서 보조적으로 본다.

각 달의 지장간의 구조를 이해하기 쉽게 나름대로 상술하고자 한다. 각 달의 초기를 살펴보면 전월의 정기가 이월된 것이며, 寅, 申, 巳, 亥월은 초기 공통으로 戊로 오행이 7일간 사령하고, 중기에는 각 삼합의 화기(化氣)인 양간 오행이 7일간 사령하며, 정기가 16일을 관장한다.

辰, 戌, 丑, 未월은 전월의 여기가 초기로 9일간 사령하고, 중기에는 각 삼합의 화기(化氣)인 음간 오행이 3일간 사령하며, 정기는 18일을 관장한다.

子, 卯, 酉월은 각 계절의 가장 왕성한 운기인 정방(正方)의 기운으로서 그달 전체를 동일 오행의 기운이 사령하고 다른 오행인 중기의 기운이 없다.

이해를 돕기 위해 구체적으로 사주 사례를 들어 설명하고자 한다. 같은 해, 같은 달, 다른 날, 같은 시에 태어난 세 사람의 사주가 있다고 가정해 보자.

▶ 사례

壬 庚 戊 乙
午 午 寅 亥

위 사주는 입춘 후 4일째에 태어났다.

입춘부터 7일까지는 초기 戊土가 암장되어 있다 하여 월지 寅을 戊土로 보아서 일간을 土生金하여 생하는 것으로 보지 않고, 반드시 甲木 정기로 보아 일간이 金剋木하는 것으로 보아야 한다.

즉, 월지 편재로 하여 육신을 보아야 한다는 것이다. 단, 초기에 해당하는 지장간 戊土를 참고로 가미하여 본다.

▶ 사례

甲 丙 戊 乙
午 子 寅 亥

위 사주는 입춘 후 10일째에 태어났다.

입춘 후 7일째부터 7일간은 중기 丙火가 암장되어 있다 하여 월지를 丙火로 보아 일간 월지에서 통근했다고 보지 않고 반드시 甲木 정기로 보아서 木生火하여 일간을 생하는 것으로 보아야 한다.

즉, 월지 편인으로 보아야 한다는 것이다. 단, 중기에 해당하는 丙火를 참고로 하여 가미하여 본다.

▶ 사례

戊 戊 戊 乙
午 子 寅 亥

위 사주는 입춘이 지난 22일째에 태어났다.

입춘 후 12일째부터는 16일간 甲木의 정기가 지장되어 있으므로 이 경우는 당연히 월지를 甲木으로 보지 않아서 일간 戊土를 木剋生하여 극하는 것으로 본다. 즉, 월지 편관으로 본다.

명리학을 공부하는 초보자들 사이에 지장간의 초기 및 중기에 암장된 천간을 육신으로 취하는 유형의 책들을 보고 많은 혼동을 하거나 대단한 이론인양 주장하는 것을 종종 본다. 일본 서적이나 최근에는 국내에서도 이러한 무책임한 이론들이 있으나, 감정상 많은 오류가 나오며 명리학 정통 이론에도 벗어난 자기주장에 불과하다.

한 달 중 어느 시기에 태어나든 반드시 월지의 정기에 해당하는 천간을 위주로 하여 육신을 반드시 붙여서 보되 태어난 달에 해당되는 초기 및 중기의 지장간은 부수적으로 계절의 심천 및 기후관계를 보는 데 그쳐야 한다.

음 중에 양이 있고 양 중에 음이 있다 함은 음은 음이나 양이 내재되어 있고 양은 양이나 음이 내재되어 있음을 말함이지, 내재된 것을 주장해서는 안 되는 이치와 같다.

〈지장간 도표〉

지지\장간	초기(初氣)		중기(中氣)		정기(正氣)	
子	壬	10일			癸	20일
丑	癸	9일	辛	3일	己	18일
寅	戊	7일	丙	7일	甲	16일
卯	甲	10일			乙	20일
辰	乙	9일	癸	3일	戊	18일
巳	戊	7일	庚	7일	丙	16일
午	丙	10일	己	10일	丁	10일
未	丁	9일	乙	3일	己	18일
申	戊	7일	壬	7일	庚	16일
酉	庚	10일			辛	20일
戌	辛	9일	丁	3일	戊	18일
亥	戊	7일	甲	7일	壬	16일

※정기(正氣)는 다음 달의 여기(餘氣)에 해당하며, 이 여기가 다음 절기로 넘어가서는 그 달의 초기(初氣)가 된다.

▶ 사례

丙 乙 庚 丙 (乾)
戌 亥 子 子

위 사주는 대우그룹 김우중 회장의 명이다.

이 사주의 가장 중요한 핵심은 戌土이다. 乙木이 겨울에 태어나 水가 왕하니 나무가 물 위에 떠다니는 형국으로서 水가 아주 나쁜 흉신에 해당된다. 이러한 때 旺水를 제압하는 戌 중의 戊土가 중병에 걸린 환자에게 최고의 명약이 되는 격으로 용신에 해당된다.

　게다가 戌 중에는 丁火도 암장되어 있어 뜨거운 조토(燥土)가 되니 겨울에 태어나 한랭한 사주에 조후 용신으로도 더할 나위 없이 중요하다. 시간에 丙火가 戌 중에 丁火가 있으니 뿌리를 뻗어 착근할 수가 있어 조후 용신으로도 중요한 역할을 하고 있다.

　상관은 총명과 지지를 나타내는데 년간과 시간에서 丙火 상관이 투출하니 지략이 무궁무진함을 알 수 있다. 또한 이 상관이 용신인 戊土 재성을 생하니 상관생재 한다 하여 이재와 사업에 관한 한 타의 추종을 불허한다고 볼 수 있다. 게다가 대운이 남방 火운으로 향하니 천운을 보장받고 있다고 할 것이다. 만약 이 사주가 丁丑시가 되었다면 戊土 대신에 丑土가 되어 丑 중에 癸水와 辛金이 이 사주에 흉신이 되므로 재벌은커녕 일반 사업가에 불과하였을 것이다.

　이 사주를 더 자세히 분석하면 庚金 관성이 旺水에 설기되어 旺水를 더욱 왕하게 하며, 丙火 상관이 극하니 재성인 土는 최고 길성이나 관성은 흉신으로서 쓰지 못하니 재계는 최적이나 관계와 정치 분야는 맞지 않다.

　명리학의 이론 중 병약설(病藥說)이 있는데 사주의 병이 되는 오행이 있을 때 약이 되는 오행이 있어야 병을 제거하여 대부대귀한다는 것으로서 병은 흉신이요, 약은 용신에 해당된다고 보면 된다. 위 사주의 경우 병은 水요, 약은 戊土에 해당된다.

　이와 같이 지장간은 지지가 어느 위치에 있더라도 즉 년지, 월지, 일지, 시지 어디에 해당하더라도 정기를 위주로 보고, 초기 및 중기는 참고로 하여야 하며 특히 기후관계 등에 적용해 보면 많은 도움이 있다.

12운성(十二運星)

천간(天干)의 십간 오행이 지지의 십이지 오행을 만났을 때 어느 경우에 생왕(生旺)의 기를 얻고 어느 경우에 사장(死藏)의 기를 얻는가를 보는 것으로, 12운성의 열 두 단계로 인간과 우주만물의 생로병사의 과정, 다시 말하면 자연의 이치에 따라 변화되어가는 모습을 나타낸 것으로 보면 된다.

생극의 원리에 의한 오행의 왕상휴수사(旺相休囚死)를 보다 더 세분하여 설명한 것으로 이해하면 될 것이다. 일명 포태법(胞胎法)이라고도 한다.

절(絶): 생명이 모체 내에 입태되기 전의 부모결합 시기
태(胎): 생명이 모체 내에 입태된 수정의 시기
양(養): 태아가 모체 내에서 성장하는 시기
장생(長生): 모체로부터 이 세상에 태어나는 출생 시기
목욕(沐浴): 유아를 목욕시키고 대소변을 가려주는 시기

관대(冠帶): 옷을 입고 띠를 맬 줄 아는 소년 시절

건록(建祿): 사모관대를 쓰고 결혼하여 벼슬하는 시기

제왕(帝旺): 일생 중 최고의 극성 시기

쇠(衰): 극성의 시기가 지나고 노쇠하는 시기

병(病): 늙어서 시들고 병드는 시기

사(死): 병들어 생명이 끊어진 시기

묘(墓): 죽어서 장사 지내고 생명이 완전히 끊어진 시기

실례를 들면,

甲木은 申에서 金剋木하니 절이 되고, 亥에서 水生木하니 장생이 되며, 寅에서 通根하니 건록이 되며, 巳에서 木生火하니 병이 된다.

丙火는 亥에서 水剋火하니 절이 되고, 寅에서 木生火하니 장생이 되고, 巳에서 通根하니 건록이 되고, 申에서 火剋金하니 병이 된다.

戊土는 丙火와 12운성이 같다.

庚金은 寅에서 金剋木하니 절이 되고, 巳에서 火生金하여 장생이 되고, 申에서 通根하여 건록이 되고, 亥에서 金生木하여 병이 된다.

특히 巳에서 火生金하여 장생이 되는 것은 지장간을 보면 巳中에 戊土가 있기 때문이며 巳中에 庚金이 있는 것도 이 때문이다. 실제 응용시에는 巳火가 庚金을 火剋金하는 것으로 보되, 참고로 巳中에 長生한다는 것을 유념할 필요가 있다.

壬水는 巳에서 水剋火하여 절이 되고, 申에서 金生木하니 장생이 되고, 亥에서 通根하니 건록이 되고, 寅에서 水生木하니 병이 된다.

申酉戌은 서방 金이요, 亥子丑은 북방 水요, 寅卯辰은 동방 木이며,

巳午未는 남방 火다.

이 12운성을 붙이는 방법은 甲丙戊庚壬의 陽干은 절에 해당하는 지지에서 시작하여 12지 순서대로 시계방향으로 묘까지 붙이면 되고, 乙丁己辛癸의 陰干은 절에 해당하는 지지에서 시작하여 12지 순서를 역으로 시계 반대방향으로 묘까지 붙이면 된다.

그런데 주의할 점은 甲, 丙, 戊, 庚, 壬의 양간은 생극이 원리에 의해 12운성의 법칙이 맞아 떨어지나 乙, 丁, 己, 辛, 癸의 음간은 생극의 원리에 맞지 않게 12운성이 붙여지므로 명리학 응용에 있어 거의 쓰이지 않는바, 중요시할 필요가 없다.

예를 들면 癸 일간의 경우 酉를 만나면 金生水하는데도 病이 되고, 卯를 만나면 水生木하여 설기되는데도 長生이라고 하니 생극이 원리에 반(反)하는 것이 된다. 실제 명식 분석 및 운세 응용 시는 통근, 득생의 오행 원칙에 충실하여야 한다.

사주명식을 뽑아놓고 일간을 위주로 하여 년지, 월지, 일지, 시지를 대조하여 12운성을 붙였을 때 다음과 같은 판단을 할 수 있는데, 절대적인 것은 아니나 대부분의 경우에 그러한 경향이 강하므로 참고하기 바란다.

년지는 부모 윗대에 해당하는 조상을 보는 곳인데 년지가 병, 사, 묘, 절인 경우는 조상이 빈약하고,

월지는 부모궁에 해당하는 곳으로 월지가 병, 사, 묘, 절인 경우는 부모가 빈약하고 부모복이 없으며,

일지는 배우자궁에 해당되는 곳으로 일지가 병, 사, 묘, 절인 경우는 배우자가 병약하거나 생·이별, 사별 등 배우자 인연이 약하며,

시지는 자식궁에 해당되는데 시지가 병, 사, 묘, 절인 경우는 자식을 두기 어렵거나 설사 있더라도 자식복이 약하다.

월지가 일간으로 보아 건록, 제왕인 경우 가업(家業)을 계승치 못하고 부모와 형제복이 없으며 초년은 고생이 심하나 중년 이후에 적수공권(赤手空拳)으로 일어나 자수성가하는 자가 많다.

일지가 일간에서 보아 건록, 제왕인 경우 자존심이 강하여 남에게 굽히기를 싫어하고 설사 장남이 아니더라도 장남 역할을 하게 되고, 여자의 경우는 남편 대신 사회적으로 활동을 하는 경우가 많다. 신왕 사주에 해당될 경우는 남녀 모두 배우자 인연이 약하다.

12운성 중 장생, 제왕, 묘가 삼합을 이룬다.

甲木은 亥에서 장생하고 卯에서 제왕이며 未에서 묘가 된다. 亥 중에 甲木이 있고 卯 중에 甲木이 있으며 未 중에 乙木이 있다. 모두 지장간에 木이 있기 때문에 亥卯未 삼합을 하여 木局을 이루는 것이다.

똑같은 이치로서 寅午戌은 지장간에 모두 火가 있기 때문에 삼합하여 火局을 이루고, 申子辰은 지장간에 모두 水가 있기 때문에 삼합하여 水局을 이루며, 巳酉丑은 지장간에 모두 金이 있기 때문에 삼합하여 金局을 이룬다.

〈12운성 도표〉

십간 12운성	甲	乙	丙	丁	戊	己	庚	辛	壬	癸
절	申	酉	亥	子	亥	子	寅	卯	巳	午
태	酉	申	子	亥	子	亥	卯	寅	午	巳
양	戌	未	丑	戌	丑	戌	辰	丑	未	辰
장생	亥	午	寅	酉	寅	酉	巳	子	申	卯
목욕	子	巳	卯	申	卯	申	午	亥	酉	寅
관대	丑	辰	辰	未	辰	未	未	戌	戌	丑
건록	寅	卯	巳	午	巳	午	申	酉	亥	子
제왕	卯	寅	午	巳	午	巳	酉	申	子	亥
쇠	辰	丑	未	辰	未	辰	戌	未	丑	戌
병	巳	子	申	卯	申	卯	亥	午	寅	酉
사	午	亥	酉	寅	酉	寅	子	巳	卯	申
묘	未	戌	戌	丑	戌	丑	丑	辰	辰	未

▶ 사례

乙 癸 庚 辛 (坤)

卯 巳 子 巳

월지에 건록이 있는 사주로서 초년에 부모복과 형제복이 없어 어렵게 성장했다. 중년 이후 용신에 해당하는 남방 火운에 들어서자 부동산 등으로 치부하여 수백억 재산가가 되었다.

巳中에 지장간 丙火와 戊土가 건록이 되어 火土 용신이 강하므로 성공했다. 癸巳 일주를 재관쌍미격(財官雙美格)이라고도 한다. 癸 일간에서 보아 丙火와 戊土가 재성과 관성에 해당되기 때문이다.

▶ 사례

壬 癸 丁 己 (坤)
戌 亥 卯 丑

일지에 제왕이 있는 사주이다. 초혼한 남자와 일찍 사별하고 재혼하였으나 무능한 남편을 만나 헤어지고 15년 전 미국으로 건너가 성공한 독신여성이다.

여성으로서 부모님과 가족들의 생계를 도맡아 꾸려가고 있으며 사회적으로 왕성한 활동을 하고 있다. 관살이 혼잡되어 있고 戊土가 정관 남편에 해당되는데 壬戌 백호가 되므로 그 남편이 비명횡사했다.

여자 사주는 정관이든 편관이든 하나만 있으면 그 뿌리가 튼튼하게 뻗어야 그 남편이 출세하고 남편복이 좋은 법인데, 정관과 편관이 2개 이상 있어서 혼잡될 경우는 관살혼잡된 사주라 하여 재혼을 하거나 남편 이외의 남자와 바람을 피우는 등 조행에 문제가 있는 경우가 많다.

이 사주는 金이 용신으로서 신약 사주에 해당되는데 초년, 중년에 대운이 火운으로 달리니 흉신에 해당되는 데다 흉신인 관살을 더욱 생해 주므로 남자 문제는 복잡하며 남편복은 결정적으로 흉하다.

▶ 사례

庚 戊 丁 庚 (坤)
申 午 亥 寅

일지에 제왕이 있는 사주이다.

년지에서 관성이 일찍 들어오니 21세에 연하 남성과 동거를 시작하여 자식을 낳은 후 이혼을 하였으며 그 후 재결합하여 살고 있으나 가정운이 좋지 못하다. 남편의 뒷바라지로 갖은 고생을 다하였다.

▶ 사례

庚 庚 辛 丙 (坤)

辰 寅 丑 戌

일지에 절이 있는 여성 사주이다.

사업을 추진하면서 남편 부도 및 남자관계로 인하여 남편과 이혼하고 갖은 고생을 다하였다. 丙火 관성이 년지 戌土에 묘가 되고, 또한 丙火가 월간 辛과 합하여 흉이 된다.

게다가 일지에 절이 되니 명식이 이러하면 거의 결정적으로 남편복이 없게 된다. 丙火 관성이 丙戌 백호에 있으니 이혼한 남편은 그 후 암으로 사망했다.

▶ 사례

丁 辛 乙 丙 (坤)

酉 卯 未 戌

일지에 절이 있는 여성 사주이다.

남편이 하는 사업이 실패를 거듭하던 중 졸지에 남편이 비명횡사하고 본인이 직업 일선에 나서서 자식들의 생계를 꾸려나가고 있다.

丙火 관성이 戌土에 묘가 되고 丙戌 백호가 되며 丁火 편관이 있어 관살혼잡된 사주로 남편궁이 좋지 않은데 일지에 절까지 있으니 심히 불

길하다. 시간 丁火 편관이 있으므로 수절을 하지 못하고 염문을 뿌리게 된다.

▶ 사례

庚 丁 己 乙 (乾)
子 亥 卯 亥

시지 子水가 일간 丁火에서 보면 절에 해당된다.

시지는 자식궁인데 절에 해당되니 자식을 두지 못했으며 노후에 자식을 양자로 맞이했으나 그 양자마저 자살하였으니 후사가 없었다. 이 사주는 신왕의 조건에 해당되지 않으나 신왕 사주로 본다. 왜냐하면 월지 卯가 왕한데 년지와 일지의 亥水가 삼합의 반합을 이루어 木이 왕성해지고 년간에 乙木이 삼합에 통근을 하면서 투출하여 일간을 생해주고 있기 때문이다.

▶ 사례

辛 丁 癸 丁 (乾)
丑 亥 卯 未

이 사주는 亥卯未 삼합을 이루고 있다.

신왕신약 여부를 판단할 때는 신왕의 조건에 해당되지 않는다. 그러나 신왕 사주로 보아야 한다. 왜냐하면 亥卯未 삼합하여 월지 卯木 인성이 더욱 강해졌기 때문이다. 만약 이 경우에 같은 삼합이라도 월지가 未土(6월)나 亥水(10월)라면 신약 사주에 해당된다.

신왕 사주로서 재관이 용신에 해당되므로 辛丑 대운에 명문대를 졸업하고 왕성한 사회활동을 하고 있다. 삼합의 힘이 얼마나 강대한가를 유념하여 새겨둘 필요가 있다.

공망(空亡)

10간을 12지와 60갑자 순으로 순서대로 배합하면 천간은 10개요, 지지는 12개가 되어 나머지 두 개가 남게 되는데 짝을 이루지 못한 지지 두 개를 공망(空亡)이라고 한다.

첫 번째 짝을 이루지 못한 지지는 戌亥에 해당되고 다시 천간을 순서대로 붙이면 甲戌, 乙亥, 丙子……로 시작하여 두 번째는 申酉가 공망이 된다. 또다시 천간을 순서대로 붙이면 甲申, 乙酉, 丙戌……로 시작하여 세 번째는 午未가 공망이 된다.

이런 식으로 계속 되풀이하면 네 번째는 辰, 巳가 공망이 되고, 다섯 번째는 寅, 卯가 공망이 되며, 여섯 번째는 子, 丑이 공망이 된다. 또한 공망이 같은 간지는 10개씩이 되며 동순(同旬)이라고도 한다.

이 공망은 명리학보다는 주역점 등에서 아주 중요시하는데, 명리학에서는 사주명식에서 일주(日柱) 위주로 공망을 본다. 그러므로 일지에는 공망이 있을 수 없고 년지, 월지, 시지와 대조하여 공망을 본다. 대운에서는 공망을 논하지 않는다.

　공망에 해당되는 육신은 그 작용력이 약해지는데 재성에 공망이 붙으면 재운이 약해지고, 관성에 공망이 붙으면 관운과 직장운이 약해지며, 인성에 공망이 붙으면 부모복과 학업운이 약하다. 길성에 공망이 붙으면 길의 작용이 약해지고, 흉성에 공망이 붙으면 흉의 작용이 약해진다.

　'왕공(旺空)은 비공(非空)' 이라 하여 공망으로 보지 않는다.

　가령 사주명식에서 甲辰 일주가 寅시, 卯시 출생이거나 庚辰 일주가 申시, 酉시일 경우 시지가 일간에서 보아 건록, 제왕에 해당되기 때문에 공망으로 보지 않는다는 뜻이다.

　갑자 순(甲子 旬)이란 甲子, 乙丑, 丙寅, 丁卯, 戊辰, 己巳, 庚午, 辛未, 壬申, 癸酉 열 개의 간지를 일컬으며, 모두 공망이 戌亥로 같으므로 동순(同旬)이라고 한다.

　갑술 순(甲戌 旬)이란 甲戌, 乙亥, 丙子, 丁丑, 戊寅, 己卯, 庚辰, 辛巳, 壬午, 癸未 열 개 간지를 일컬으며 모두 공망이 申酉로 같으므로 동순(同旬)이라고 한다.

　그 외의 동순도 이와 같이 해석하면 된다. 공망 도표를 참고하면 이해하기 쉬울 것이다.

　공망을 쉽게 외우는 방법은 도표를 볼 것 없이 다음과 같이 하면 된다. 어느 사주명식이든 일주를 보아서 그 일주 다음으로 육십갑자 순으로 간지를 세어나가다 다시 甲, 乙이 붙는 지지가 바로 공망에 해당된다. 일례를 들어서 설명하고자 한다.

▶ 사례

丁 戊 壬 壬
巳 申 寅 辰

위 사주는 戊申 일주이다.

공망은 일주를 위주로 하므로 戊申부터 육십갑자 순으로 세어나가면 己酉, 庚戌, 辛亥, 壬子, 癸丑, 甲寅, 乙卯……이 되는데, 이 경우 寅, 卯에 甲, 乙이 붙으므로 寅, 卯가 바로 공망이 된다.

위 사주는 월지 寅이 공망이 되는데 월지 寅은 육신법으로 관성에 해당되고 관성은 관운과 직업, 그리고 명예 등을 보므로 관운과 직장운이 약하다고 보는 것이다. 그리고 이 사주의 주인공이 개업, 신축, 기타 중요한 일을 할 경우에 寅, 卯 즉, 범띠와 토끼띠 해는 가급적 피하는 것이 좋고 다른 해에 하더라도 寅, 卯월과 寅, 卯일은 피하는 것이 좋다.

〈공망 도표〉

순(旬)	甲子	甲戌	甲申	甲午	甲辰	甲寅
일주 (日柱)	甲子	甲戌	甲申	甲午	甲辰	甲寅
	乙丑	乙亥	乙酉	乙未	乙巳	乙卯
	丙寅	丙子	丙戌	丙申	丙午	丙辰
	丁卯	丁丑	丁亥	丁酉	丁未	丁巳
	戊辰	戊寅	戊子	戊戌	戊申	戊午

일주 (日柱)	己巳	己卯	己丑	己亥	己酉	己未
	庚午	庚辰	庚寅	庚子	庚戌	庚申
	辛未	辛巳	辛卯	辛丑	辛亥	辛酉
	壬申	壬午	壬辰	壬寅	壬子	壬戌
	癸酉	癸未	癸巳	癸卯	癸丑	癸亥
공망 (空亡)	戌亥	申酉	午未	辰巳	寅卯	子丑

▶ 사례

丁 庚 丁 乙 (乾)

丑 申 亥 卯

위 사주는 庚申 일주로서 子, 丑이 공망인데 시지가 공망에 해당된다. 시지가 공망이므로 자식을 두기 어렵다고 속단해서는 안 된다. 왜냐하면 이 경우는 丁火가 관성으로서 아들에 해당되고 또한 사주용신에 해당되며 재성으로부터 생조받음이 강하다.

이와 같이 명리 판단은 어떤 한 가지를 절대적 기준으로 판단하지 말고 종합적으로 판단해야 오판의 여지가 없으며 적중률이 높아진다. 만약에 이 사주가 관성이 없다면 자식을 두기가 어렵다.

▶ 사례

甲 丁 甲 癸 (乾)
辰 酉 子 巳

위 사주는 丁酉 일주로서 辰, 巳가 공망인데 시지 辰土가 공망이다. 그래서인지 하나뿐인 아들을 한국전쟁에서 잃었다. 또한 丁巳운에 대발전을 하였다. 巳火가 공망에 해당되나 용신에 해당되고, 대운에서는 공망을 보지 않기 때문이다. 어떤 이들은 대운에서도 공망을 보는데 임상을 해 보면 맞지 않는다.

신살(神殺)

어느 사주명식이든 신살이 없는 사람이 없다.

신살의 종류를 열거하자면 이루 헤아릴 수가 없다. 그러나 중요한 것은 명리학의 원리는 중화의 이론을 핵심으로 하여 생극제화 및 조후를 대원칙으로 한다는 점이다. 사주격국의 크고 작음과 길흉 여부는 신살이 좌우하지 않는다.

대부분의 경우에 신살은 거의 무시해도 좋다. 신살을 가지고 사주명식을 단정 지어 판단할 때는 이미 학문적 차원을 떠난 것이며 또한 맞지도 않는다. 다만 부수적으로 참고하는 데 그쳐야 한다.

이러한 입장에 기초를 두고 불필요한 신살은 거의 무시하고 나름대로 중요한 몇 가지 종류를 소개하니 사주원국을 분석할 때 참작하여 보면 많은 도움이 될 것으로 믿으며, 이 정도 숙지하고 있으면 충분할 것으로 사료된다.

거듭 강조하거니와 신살이 어떤 신비스러운 힘이 있는 것처럼 착각하고 사주에 나쁜 살이 있는 경우 심리적으로 두려워하는 경우가 많은데, 그 허구성에 지나치게 현혹되지 말고 명리학의 근본 원리에 충실하고 초연한 학문적 자세를 견지함이 필요하다.

(1) 역마(驛馬)

삼합(三合)에 해당하는 지지가 년지와 일지에 있고 그 삼합의 첫 자를 충하는 지지가 사주에 있을 때, 그 충하는 지지를 역마라 하고 운에서 충하는 지지가 올 때도 역마에 해당된다.

역마에 해당되는 지지는 寅, 申, 巳, 亥 네 가지이다. 역마에 해당되는 년이나 월에 외국여행, 외국출장, 국내여행, 자택이사, 직장전출 등이 있게 된다.

사주에서 역마가 공망을 당하면 분주하게 움직이나 그 결과는 실속 없이 허망하게 끝나는 경우가 많다.

사주에 역마가 있으면 여행성이 강하고 돌아다니기를 좋아하며 사주 격국이 좋을 때는 입신출세하나 평상인의 명일 경우 분주하게 움직이나 고생만 하는 경우가 많다. 사주에서 역마가 길성에 해당하면 무역업, 운수업, 유통업 등이 좋으며 외국을 자주 드나들게 된다.

역마를 구체적으로 설명하면 다음과 같다.

申子辰 년생이나 申子辰 일생이 사주에서 寅을 만나거나 운에서 寅을 만나면 역마가 된다.

寅午戌 년생이나 寅午戌 일생이 사주에서 申을 만나거나 운에서 申을 만나면 역마가 된다.

巳酉丑 년생이나 巳酉丑 일생이 사주에서 亥를 만나거나 운에서 亥를 만나면 역마가 된다.

亥卯未 년생이나 亥卯未 일생이 사주에서 巳를 만나거나 운에서 巳를 만나면 역마가 된다.

▶ 사례

戊 甲 壬 壬 (乾)
辰 寅 子 辰

위 사주는 辰년생으로서 일지에 寅이 있으니 일지 寅이 역마에 해당된다. 辰년생이 申子辰 삼합의 첫 자 申을 충하는 寅을 만났기 때문이다.

사주에 水가 왕(旺)해도 돌아다니기를 좋아하는데 그것은 물은 흐르는 성질이 있기 때문이다. 이 사주가 신왕 사주로서 추운 겨울에 태어나 조후가 필요한데 寅 중에 丙火가 암장되어 있어 이것을 조후 용신으로 해야 한다.

丁巳대운 중 巳운 丙子년에 국회의원에 당선되었다. 丁丑년은 丁火가 火 용신이나 육신법으로 상관에 해당되니 관재수에 올라 곤욕을 치렀다. 寅 중에 丙火가 용신으로 암장되어 있고 또한 역마에 해당되며 대운이 길하니 성공하게 된다.

▶ 사례

戊 庚 辛 丁 (乾)

寅 申 亥 巳

위 사주는 巳년에 태어나서 월지에 亥가 있으니 월지 亥가 역마요, 申일에 태어나서 시지에 寅이 있으니 시지 寅이 역마이다. 사주에 역마가 둘 있다. 사주격국이 좋으니 평생을 분주하게 살며 변천이 많았으나 대귀하게 되었다.

▶ 사례

甲 戊 戊 丁 (乾)

寅 寅 申 亥

위 사주는 寅일에 태어나서 월지에 申이 있으니 월지 申이 역마이다.

신약 사주에 칠살이 왕하여 병이 되는데 년간 丁火 인성이 강한 살성을 인성으로 돌려주고 인성이 약한 戊土 일간을 생해주니 초년 남방 火운에 학업이 출중하고 모든 사람의 촉망을 받았으나, 甲辰 대운에 칠살이 투출하고 辰土는 습토가 되니 직업 변천이 심하고 갖은 고생을 다하였다.

특히 辰土 대운은 역마 申金과 삼합의 반합을 하여 흉신인 水로 합하니 매사에 열심히 종횡무진 뛰었으나 별 성과가 없었다. 이는 역마가 흉신과 합했기 때문이고 戊寅 일주는 申金이 공망으로서 사주흉신에 해당되고 대운에서 불길하였기 때문이다.

(2) 지살(地殺)

삼합에 해당하는 지지가 년지나 일지에 있고 그 삼합의 첫 자에 해당하는 지지가 사주에 있을 때, 그 지지가 지살에 해당된다.

지살에 해당되는 지지는 寅, 申, 巳, 亥 네 가지이다.

지살의 뜻은 역마와 거의 동일하다. 지살이 많으면서 사주명식이 흉명이면 직업 변천이 심하고 쓸데없이 바빠 돌아다니나 실익이 없는 경우가 많다.

지살에 대하여 구체적으로 설명하면 다음과 같다.

申子辰 년생이나 申子辰 일생이 사주에서 申을 만나면 지살이다. 申년에 태어나거나 申일에 태어나도 바로 지살에 해당된다.

寅午戌 년생이나 寅午戌 일생이 사주에서 寅을 만나면 지살이다. 寅년에 태어나거나 寅일에 태어나도 바로 지살에 해당된다.

巳酉丑 년생이나 巳酉丑 일생이 사주에서 巳를 만나면 지살이다. 巳년에 태어나거나 巳일에 태어나도 바로 지살에 해당된다.

亥卯未 년생이나 亥卯未 일생이 사주에서 亥를 만나면 지살이다. 亥년에 태어나거나 亥일에 태어나도 바로 지살에 해당된다.

▶ 사례

丙 甲 戊 庚 (乾)
寅 子 寅 寅

위 사주는 寅년에 태어나서 寅이 월지와 시지에 있으니 지살이 3개나 있는 사주이다. 또한 子일에 태어나 寅이 역마에 해당되니 지살 3개가 전부 역마에 해당되어 역마의 성격이 강해졌다. 상업을 하는 사람인데 본인도 이해할 수 없을 정도로 직업을 자주 바꾼 사람이다.

또한 寅中에 戊土가 편재에 해당되어 따르는 여자가 많으며 식신이 생재하고 편관까지 있으며 사주 기둥 4개가 전부 양간양지(陽干陽支)로 이루어졌으니 소위 양팔통(陽八通) 사주라 하여 남성적이고 적극적이며 호방한 성격으로 시원시원하다.

▶ 사례
壬 壬 丁 乙 (乾)
寅 午 亥 未

위 사주는 未년에 태어나서 월지에 亥가 있어 지살이 되며, 午일에 태어나서 시지에 寅이 있어 지살이 된다.

(3) 장성(將星)

삼합에 해당하는 지지가 년지나 일지에 있고 그 삼합의 가운데에 해당하는 지지가 사주에 있을 때, 그 지지가 장성에 해당된다.

장성에 해당되는 지지는 子, 午, 卯, 酉 네 가지이다. 이 장성이 사주에 있으면 장군별이라고 하여 성품이 대담하고 문무를 겸전하여 관운에 길하다.

신왕 사주로서 장성과 편관이 함께 있으면 혁명가, 장군, 사법관, 의

사 등으로 진출하면 좋고 성품이 강직하고 영웅적 기질이 있다. 여자 사주에 장성이 두셋 있으면 기가 너무 세어 과부가 되는 수가 많고 특히 일지에 있는 경우가 더 심하다.

장성에 대하여 구체적으로 설명하면 다음과 같다.

申子辰 년생이나 申子辰 일생이 사주에서 子를 만나면 장성이다. 子년에 태어나거나 子일에 태어나도 장성에 해당된다.

寅午戌 년생이나 寅午戌 일생이 사주에서 午를 만나면 장성이다. 午년에 태어나거나 午일에 태어나도 장성에 해당된다.

巳酉丑 년생이나 巳酉丑 일생이 사주에서 酉를 만나면 장성이다. 酉년에 태어나거나 酉일에 태어나도 장성에 해당된다.

亥卯未 년생이나 亥卯未 일생이 사주에서 卯를 만나면 장성이다. 卯년에 태어나거나 卯일에 태어나도 장성에 해당된다.

▶ 사례

丁 辛 乙 丙 (坤)
酉 卯 未 戌

위 사주는 卯일에 태어나서 일지 卯가 장성에 해당된다. 사주 자체가 관살이 되어 있어 일부종사하기 힘든 사주인데, 일지에 장성이 있고 또한 일지가 절에 해당되어 남편과 사별한 뒤 독신으로 살고 있다.

▶ 사례

丙 庚 壬 壬 (乾)

戊 子 子 辰

위 사주는 辰년에 태어나서 子가 장성에 해당되는데 월지와 일지에서 장성이 두 개나 된다. 시간에 丙火가 편관으로 무관의 별이 되는데, 장성이 두 개나 겹쳐있어 일찍이 경찰공무원에 투신하여 30여 년 넘게 근무하고 있다.

▶ 사례

己 丙 壬 庚 (乾)

亥 子 午 寅

년지 寅에 해당되어 월지 午가 장성이다. 신왕 사주로서 장성이 있고 편관 壬水가 통근하여 용신으로 강하니, 국량이 넓고 호방한 성품으로 정계 거물이 되었던 故 고하 송진우 선생의 명이다.

(4) 화개(華蓋)

삼합에 해당하는 지지가 년지나 일지에 있고 그 삼합의 끝 자에 해당되는 지지가 사주에 있을 때 그 지지가 화개에 해당된다.

화개는 일명 문학의 별, 고독의 별, 승려의 별이라고도 하며 사주에 화개가 있으면 사람됨이 고결한 품성이 있고 조용한 곳을 좋아하며 학문과 예술을 좋아하고 총명하며 지혜가 있다. 대문호, 성직자, 스님, 신앙인 등에 화개가 많다.

화개가 사주에서 공망되면 승려 신분이 되거나 여자의 경우 독신으로 지내는 수가 많고 고독한 명으로 본다.

화개에 대하여 구체적으로 설명하면 다음과 같다.

申子辰 년생이나 申子辰 일생이 사주에서 辰을 만나면 화개이다. 辰년에 태어나거나 辰일에 태어나도 화개에 해당된다.

寅午戌 년생이나 寅午戌 일생이 사주에서 戌을 만나면 화개이다. 戌년에 태어나거나 戌일에 태어나도 화개에 해당된다.

巳酉丑 년생이나 巳酉丑 일생이 사주에서 丑을 만나면 화개이다. 丑년에 태어나거나 丑일에 태어나도 화개에 해당된다.

亥卯未 년생이나 亥卯未 일생이 사주에서 未를 만나면 화개이다. 未년에 태어나거나 未일에 태어나도 화개에 해당된다.

▶ 사례

壬 癸 丁 己 (坤)
戌 亥 卯 丑

위 사주는 丑년에 태어나 丑이 바로 화개에 해당된다. 癸亥 일주는 子, 丑이 공망인데 년지 화개가 공망과 겹친다.

공망이 화개와 겹칠 경우에 독신여성이 많은데 이 사주는 丑土가 관성에 해당되니 더욱 불길한 경우에 해당된다. 게다가 관살이 혼잡되어 있고 일지 제왕에 해당된다. 초혼, 재혼에 실패하고 가정을 갖기 위해 무던히 애를 썼으나 이젠 거의 포기하고 독신생활하고 있는 여성의 명이다.

▶ 사례

庚 庚 壬 辛 (坤)

辰 辰 辰 丑

위 사주는 丑년에 태어나서 년지 丑이 바로 화개에 해당되고 辰일에 태어나서 월지 辰, 시지 辰, 일지 辰이 모두 화개에 해당되는 경우이다. 남편과 이별하고 요식업 등을 전전하나 생활이 곤란하다.

괴강이 사주에 세 개나 있어 미인이며 총명하고 쾌활하나 사주원국이 너무 습한 데다 관성이 없어 남편복이 없는 데다 재성마저 없어 생활에 많은 곤란을 겪고 있다. 어떤 이는 종왕격으로 보아 대귀한다고 할 것이나 그렇지 못하니 함부로 논할 것이 못 된다.

지지가 전부 화개에 해당하니 불교에 관심이 깊고 간혹 불가에 귀의할 생각도 하고 있다. 명리학에도 관심이 깊으며 상당한 공부를 하였다.

(5) 삼재(三災)

삼합에 해당하는 지지가 년지에 있고 그 삼합의 첫 자를 충하는 띠에 해당하는 해부터 3년간이 삼재에 해당된다. 삼재에 해당하는 첫 해를 入삼재라 하고, 두 번째 해를 中삼재라 하며, 세 번째인 마지막 해를 出삼재라고도 한다.

일반 세인들이 가장 무서워하는 것이 삼재로서, 삼재에 해당되는 해에는 삼재를 물리치고 나쁜 액을 제거한다고 하여 부적을 써서 보관하는 등 야단법석이다. 그러나 실제로 임상을 해 보면 삼재가 드는 해에 사주흉신이 되면 가정, 직장 등에서 대흉이 되지만 사주용신에 해당되면 오히려 발복하는 경우가 허다하다.
　이러하므로 삼재가 나쁘다고 하는 인식은 학문적 이론이 없으며 허구성에 지나지 않음을 확실히 유념해야 한다.

　삼재에 대하여 구체적으로 설명하면 다음과 같다.
　申子辰 년생이 寅卯辰 해가 오면 삼재에 해당된다. 다시 말해 원숭이띠, 쥐띠, 용띠 출생인 사람은 범띠 해부터 시작하여 다음 토끼띠 해 그 다음 용띠 해 3년간이 삼재에 해당된다.
　그러므로 삼재는 세 개의 띠가 12년을 주기로 한 번씩 돌아온다고 보면 된다.
　寅午戌 년생이 申酉戌 해가 돌아오면 삼재이다.
　巳酉丑 년생이 亥子丑 해가 돌아오면 삼재이다.
　亥卯未 년생이 巳午未 해가 돌아오면 삼재이다.

　삼재라고 하는 이유를 나름대로 분석해보면, 申子辰 삼합하여 壬水가 되는데 壬水는 12운성을 붙여보면 寅에서 병이 되고, 卯에서 사가 되며, 辰에서 묘가 된다. 12개 지지 중에서 가장 약한 곳이 寅卯辰이 되므로 이러한 의미에서 삼재라고 부른 것이다. 다른 삼재도 마찬가지이다.
　사주명리학은 사주팔자 중 일간과 월지를 가장 중요시하며, 년지는 그 일부분에 불과하듯이 명리학의 대원칙인 중화의 원리에 충실하여 생극제화 및 조후를 기본으로 하여 사주명식에서 용신을 판단하고 대운과 세운을 보아야 한다. 하지만 사주 전체의 흐름을 무시한 채 년지

하나만을 가지고서 3년간의 운세를 판단한다는 것은 어불성설에 불과하다.

▶ 사례

甲 丁 丙 己 (坤)

辰 亥 子 酉

위 사주는 酉년에 태어났으니 亥子丑 3년간이 삼재이다.

사주를 분석해보면 丁火 일간이 子월에 태어나 신약 사주로서는 木火는 용신이요, 金水는 흉신이다. 사주상으로 보아도 亥子丑년은 좋을 수가 없다. 게다가 삼재에 해당된다.

위 사주의 주인공은 명리학의 이치를 전혀 모르고 삼재만을 어디서 귀담아 들어서 조심한다고 하면 어찌되었든 다행이라고 생각한다. 그러나 명리학을 연구하는 자라면 그 허실은 알고 있어야 한다고 사료된다.

(6) 고신살(孤神殺)

남자의 사주에 고신살이 있으면 처를 해(害)한다고 하며, 홀아비살이라고도 한다.

년지를 기준으로 하여 본다. 사주에서 고신살이 화개나 공망과 중복되면 그 뜻이 더욱 강해진다. 특히 일지는 배우자궁이므로 일지에 있으면 가장 흉하다.

고신살에 대하여 구체적으로 설명하면 다음과 같다.

寅卯辰 년생이 사주에 巳가 있으면 고신살이다.
巳午未 년생이 사주에 申이 있으면 고신살이다.
申酉戌 년생이 사주에 亥가 있으면 고신살이다.
亥子丑 년생이 사주에 寅이 있으면 고신살이다.

▶ 사례

戊 庚 辛 丁 (乾)
寅 申 亥 巳

巳년생이 일지에 申이 있으니 고신살이다. 특히 일지에 있으니 그 뜻이 강하다. 부부인연이 몇 번 바뀌었으며 寅申충이 되니 말년에 홀로 남았다.

▶ 사례

甲 戊 戊 丁 (乾)
寅 寅 申 亥

亥년생이 일지, 시지에 寅이 있으니 고신살이 겹쳐있다. 부부관계가 극도로 좋지 않으며 거의 별거하다시피 하는 삶을 살아가고 있다.

(7) 과숙살(寡宿殺)

여자의 사주에 과숙살이 있으면 남편을 해(害)한다고 하며 일명 과부살이라고도 한다.

년지를 기준으로 하여 본다. 과숙살이 공망이나 화개와 중복되면 그 뜻이 더욱 강해진다. 일지는 배우자궁이므로 일지에 있으면 가장 흉하다.

과숙살에 대하여 구체적으로 설명하면 다음과 같다.
寅卯辰 년생이 사주에 丑이 있으면 과숙살이다.
巳午未 년생이 사주에 辰이 있으면 과숙살이다.
申酉戌 년생이 사주에 未가 있으면 과숙살이다.
亥子丑 년생이 사주에 戌이 있으면 과숙살이다.

▶ 사례
丁 辛 乙 丙 (坤)
酉 卯 未 戌

戌년생이 월지에 未가 있으니 未가 과숙살이다.
辛卯 일주는 未가 공망이다. 공망과 과숙이 중복되어 그 뜻이 강한데 未는 화개에도 해당되니 더욱 그 뜻이 강해졌다. 일지 卯는 장성이며 관살이 혼잡된 여자 사주이다. 초혼 남편이 사망하고 혼자 살고 있는 독신 여성이다.

(8) 도화살(桃花殺)

삼합에 해당하는 지지가 년지에 있고, 삼합하여 만들어진 오행의 목욕에 해당하는 지지가 사주에 있을 때 도화살이라고 한다.

도화살이 사주에 있으면 남자의 경우 주색과 풍류를 즐기고 여자의 경우 기생이나 접대부 등의 직업을 갖는 경우가 많다고 한다. 일간을 위주로 하여 월지나 일지가 목욕에 해당되는 사람도 도화살이 갖고 있는 의미의 작용력이 강하다.

도화살에 대하여 구체적으로 설명하면 다음과 같다.
申子辰 년생이 사주에서 酉를 만나면 도화살이 된다.
亥卯未 년생이 사주에서 子를 만나면 도화살이 된다.
寅午戌 년생이 사주에서 卯를 만나면 도화살이 된다.
巳酉丑 년생이 사주에서 午를 만나면 도화살이 된다.

▶ 사례
己 甲 戊 乙 (乾)
巳 子 子 未

未년생으로 월지와 일지에 子가 있으니 도화살이 둘이나 되어 작용력이 강하다. 천성이 착하고 성실하며 인정이 많고 세무사업을 하는 사람인데, 주색을 즐기는 데는 타의 추종을 불허한다.

▶ 사례
辛 丙 丁 己 (坤)
卯 午 卯 亥

丙火 일간이 월지와 시지 卯에서 목욕이 된다.

일지 제왕 일이다. 전통한국요리요정을 운영하고 있으며 국악에 능하고 미모와 애교가 뛰어나며 독신으로 지내고 있다.

(9) 원진살(怨嗔殺)

남녀 간의 궁합을 보거나 사업상 동업관계, 인간관계에 있어서 친소관계 등을 알아볼 때 사용된다.

두 사람의 사주를 뽑아놓고 서로 간의 사주를 대조하여 년지는 년지끼리, 월지는 월지끼리, 일지는 일지끼리, 시지는 시지끼리 맞추어 보는데 원진이 많으면 불길하다.

한 사람의 사주를 볼 때도 사주 자체 내의 원진살이 많으면 불길하며 특히 배우자궁인 일지와 원진이 되면 부부관계가 원만치 못하다.

원진살에 대하여 구체적으로 설명하면 다음과 같다.
子(쥐)와 未(염소)는 원진살이다.
丑(소)과 午(말)는 원진살이다.
寅(범)과 酉(닭)는 원진살이다.
卯(토끼)와 申(원숭이)은 원진살이다.
辰(용)과 亥(돼지)는 원진살이다.
巳(뱀)와 戌(개)은 원진살이다.

원진에 대하여 전해져 오는 속설에 의하면 염소는 쥐똥이 몸에 묻으면 털이 빠지므로 쥐를 싫어하며, 소는 열심히 밭을 가는데 말은 한가로이 풀을 뜯어 말을 싫어하며, 호랑이는 흰 닭을 보면 놀라므로 닭을 싫어하고, 토끼는 그 눈이 원숭이 엉덩이를 닮아 빨갛기 때문에 원숭이를 싫어하고, 용은 그 코가 돼지를 닮아 보기 흉하므로 돼지를 싫어하며, 뱀은 개의 짖는 소리에 고막이 없어 놀라므로 개를 싫어한다.

(10) 고란살(孤鸞殺)

태어난 일주를 기준으로 보며 공방살(空房殺)이라고도 한다.
甲寅, 乙巳, 丁巳, 戊申, 辛亥 일생이 해당된다. 여자 사주를 위주로 보며 여자 사주에 고란살이 있으면 결혼에 실패하고 혼자 쓸쓸하게 살거나, 기타 이유 등으로 독신생활하는 자가 많다.

▶ 사례
丁 辛 庚 癸 (坤)
酉 亥 申 巳
辛亥 일주로 고란살이 있는 여성이다.
년지 巳火 관성이 巳申 합하여 약해져 있고, 시간에 丁火 편관도 통근하지 못하고 년지 巳火는 너무 멀어서 큰 힘이 되지 못한다. 대운마저 흉신인 金水로 향하니 현재까지 결혼하지 않고 독신으로 살고 있다.

▶ 사례

丙 辛 辛 壬 (坤)
申 亥 亥 辰

辛亥 일주로 고란살이 있는 독신여성이다.

丙火 관성이 통근하지 못하여 약한 데다가 월지 亥水 상관이 일지와 중첩되고 있으며 년간에 투출하여 소위 정관을 극함이 극에 이르렀다. 종합병원 간호주임으로 근무하고 있으며, 야간에는 카페를 운영하고 있다.

이러한 사주의 경우 丙申이 합하여 水가 되고 亥월인 水월에 태어나서 가화격(假化格)이라 하여 대부대귀한다고 하나 강왕격, 종격, 가화격 등이 맞지 않는 경우가 허다하다.

명리학의 핵심은 기상학으로서 중화의 원리에 충실해야 함을 실감할 수 있다.

(11) 십악대패일(十惡大敗日)

태어난 일주를 기준으로 하여 본다.

甲辰, 乙巳, 丙申, 丁亥, 戊戌, 己丑, 庚辰, 辛巳, 壬申, 癸亥일에 태어난 사람이 해당된다. 이 날에 태어난 사람은 남녀 모두 부부이별, 파산 등을 당하는 경우가 많다.

▶ 사례

壬 丁 辛 壬 (乾)

寅 亥 亥 辰

초혼에 실패하고 가산을 탕진했으며 재혼하여 살고 있으나 부부관계가 원만치 못하다.

특히 辛未년 壬申년에 사업과 가정에 파탄을 가져왔는데 丁火 일간이 신약 사주로 세운이 아주 불미했기 때문이다.

▶ 사례

壬 丙 癸 丁 (乾)

辰 申 丑 酉

여자관계로 본처와 이혼하고 사업상으로 수차에 걸쳐 실패를 거듭하였다. 지극히 신약한 사주이다.

역시 金대운에 발생하였으니 사주원국과 대운이 양호하여야 함이 제일 중요하다. 관살이 혼잡되어 있으니 직장을 자주 바꾸게 되고, 정재편재가 혼잡되어 있으니 여자관계가 복잡한 데다 정재는 멀리 떨어져 있고 편재가 일지에 있으니 본부인보다는 다른 여자를 더 사랑하는 격이다.

이러한 사주원국에 대운마저 불리하니 십악대패일의 나쁜 작용이 더욱 기승을 부릴 수밖에 없다.

(12) 괴강(魁罡)

태어난 일주를 기준으로 하여 본다. 庚辰, 庚戌, 壬辰, 壬戌일에 태어난 사람이 해당된다.

남자가 괴강일에 태어난 사람은 성품이 강직하고 과단성이 있으며 논리정연하고 총명하다. 여자가 괴강일에 태어난 사람은 고집이 세고 미인이 많으며 극부(剋夫)의 정도가 심해 과부인 경우가 많다.

사주명국이 좋은 데다 괴강일에 태어난 사람은 운이 좋을 때는 대발복을 하지만 운이 나쁠 때는 대몰락을 하는 경우가 많다. 사주명국이 불미스러운데 괴강일에 태어난 사람은 대흉변을 당하는 등 극단적으로 흐르는 경향이 있다.

▶ 사례

庚 庚 辛 丙 (乾)

辰 辰 丑 申

괴강일에 태어나 丙火 관성이 용신인데, 남방 火대운에 관운이 충천하여 국회의장직과 부통령직을 지냈으나 庚子년 庚辰월에 흉신이 거듭 들어오니 일가족 몰살의 대참변을 당하였다.

▶ 사례

庚 庚 壬 辛 (坤)

辰 辰 辰 丑

괴강일에 태어나고 사주에 괴강이 세 개나 있다.

괴강이 사주에 많으면 대부대귀한다고 하나 허구에 지나지 않는다. 사주에 용신이 전혀 없고 대운마저 불리하여 초혼에 실패하고 독신으로 지내고 있다. 총명하고 미인이나 생활은 곤고하며 건강이 좋지 못하다.

(13) 백호살(白虎殺)

백호살은 피를 흘리고 죽는다는 뜻으로 혈광지신(血光之神)이라고도 한다.

甲辰, 乙未, 丙戌, 丁丑, 壬戌, 癸丑이 백호살에 해당된다. 사주명식 어디에 있으나 적용된다. 일주가 백호살에 해당하면 배우자가 병약하거나 횡사하는 경우가 많으며, 일주가 아닌 년주, 월주, 시주에 있으면 일간에서 보아 육신법으로 백호살에 있는 육신이 비명횡사하는 경우가 많다.

그러나 남자사주로서 사주격국이 좋고 관성이나 재성이 용신에 해당되면서 백호에 있으면 관운이 충천하고 거부가 될 수 있다.

▶ 사례

丙 乙 丁 甲 (坤)
戌 酉 丑 辰

위 여성의 사주는 년주, 월주, 시주 3개가 모두 백호살에 해당된다. 백호에 해당되는 육신이 모두 재성에 해당되니 부자라고 판단해서는 안 된다.

이 사주는 신약 사주로서 재관이 흉신에 해당된다. 초혼 남자는 자살하고 재혼 남자는 난폭하여 폭력을 밥 먹듯이 휘두르니 이혼을 어렵사리 하고 현재 어렵게 살고 있다.

乙木 일간이 엄동설한 丑월에 태어나 辰土와 酉金이 있으니 한랭하다. 이런 경우 신약 사주로서 水를 써야 하나 水는 조후 용신 火를 극하

니 용신으로 쓸 수가 없다. 극히 신약 사주이나 火를 용신으로 해야 한다. 丁火와 丙火가 투출되어 딸 하나, 아들 하나를 두고 있는데 용신에 해당되니 두 자식이 똑똑하고 사주도 아주 좋다.

다음에 남편복을 살펴보니, 일지에 칠살이니 신약 사주로서 흉신이므로 좋을 리 없고 丑 중에 辛金과 戌 중에 辛金이 있으니 남자관계는 복잡할 수 있으나 해로운 사람에 불과하다.

이러한 사주의 경우 종재, 종살격이라 하여 土金에 해당하는 재살운에 대발한다고 하나 전혀 맞지 않으니 명리학을 연구하는 초심자들은 유념하여야 할 것이다.

▶ 사례

丙 乙 庚 丙 (乾)
戌 亥 子 子

위 사주는 丙戌 시주가 백호살에 해당된다.

戌土가 정재로서 이 사주의 중요한 역할을 한다. 旺水를 제압하고 한랭한 사주에 조후역할을 하기 때문이다. 남방 火대운에 재벌이 되었다.

단순히 백호에 재성이 있어서 재벌이 되었다고 판단하면 큰 오산이다. 어디까지나 사주원국과 용신 및 대운을 전제로 하여야 한다.

(14) 효신살(梟神殺)

태어난 일주를 기준으로 하여 본다.

甲子, 乙亥, 丙寅, 丁卯, 戊午, 庚辰, 庚戌, 辛丑, 辛未, 壬申, 癸酉일에 태어난 사람이 효신살에 해당된다.

일간에서 보면 일지가 편인에 해당되는데 편인은 생모가 아닌 계모의 뜻이 있어 효신살에 태어난 사람은 생모와 일찍 생이별, 사별하거나 인연이 약하며, 남자의 경우 효신살이 있으면 자기 처와 생모가 불화하는 경우가 많다.

▶ 사례

己 辛 辛 丁 (坤)
丑 丑 亥 酉

辛丑일 여성으로 효신살에 해당된다. 일찍이 시골 부모 댁을 떠나서 서울 이모님 댁에서 학교를 다녔으며 20년 넘게 사법 공무원으로 근무하고 있다. 이 사주는 시주에도 편인이 왕성해 그 뜻이 더욱 강해진 경우이다.

丁火 관성이 너무 약하므로 지금껏 독신으로 살고 있으며 월지 상관이 旺하여 남편궁이 약하다. 그래도 약한 丁火 편관이 용신에 해당되므로 사법기관에 근무하고 있다.

시지법(時知法)

출생 년월일을 아는데 출생 시각을 잘 모를 경우에는 다음과 같은 방법을 사용하면 꼭 맞는 것은 아니나 많은 도움이 되므로 소개하고자 한다.

(1) 부모선망(父母先亡)에 의하여 판단하는 방법

부선망(父先亡)인 경우: 子, 寅, 辰, 午, 申, 戌시로서 양시(陽時)에 해당한다.

모선망(母先亡)인 경우: 丑, 卯, 巳, 未, 酉, 亥시로서 음시(陰時)에 해당한다.

(2) 관형(觀形)에 의하여 판단하는 방법

턱이 둥근 경우: 辰, 戌, 丑, 未시로서 辰, 戌, 丑, 未를 사고(四庫)라고도 한다.

턱이 뾰족한 경우: 寅, 申, 巳, 亥시로서 寅, 申, 巳, 亥를 사맹(四孟)이라고도 한다.

턱이 긴 경우: 子, 午, 卯, 酉시로서 子, 午, 卯, 酉를 사장(四長)이라고도 한다.

(3) 시주(時柱)의 천간(天干)에 의하여 판단하는 방법

정성(正星[정인, 정재, 정관])일 경우: 성품이 온건하며 정적(靜的)이다.
편성(偏星[편인, 편재, 편관])일 경우: 성품이 편향적이며 동적(動的)이다.

▶ 사례

丁丙癸丁 (乾), 戊丙癸丁 (乾)

酉申丑酉　　戌申丑酉

상기와 같은 경우 戌시인지 酉시인지 잘 분간이 안 될 경우를 가정해 보자. 이 사주의 주인공이 형제가 셋이고 본인이 중간에 태어났다고 하면 酉시가 맞다.

비겁은 형제 수를 나타내고 본인인 丙火는 년간과 시간 사이에 있기 때문에 그렇게 추정해본 것이다.

▶ 사례

辛戊丙戊 (坤), 壬戊丙戊 (坤)

酉午辰午　　戌午辰午

상기와 같은 경우 戌시인지 酉시인지 본인이 잘 모른다고 할 때, 酉시인 경우는 자식이 반드시 있으며 그 자식이 잘되고 효자이나 戌시인 경우는 자식을 두기 힘들다. 여자 사주일 경우 식신, 상관은 자식에 해당되는데 酉시인 경우 시주가 자식궁으로서 상관이 통근되어 강하고 신왕 사주에 해당되기 때문이다. 이러한 때 사주의 주인공이 자식이 있느냐 없느냐를 중심으로 판단해 보면 정확한 시간을 추정할 수 있을 것으로 사료된다.

사실 임상을 하다 보면 이러한 기술적인 부분들이 많은 도움이 된다. 많은 역술가들이 부선망, 모선망으로 거의 단정하다시피 판단하는데, 절대적으로 금물이다.

예를 들어 6~7형제의 가족이 있다고 치자. 모선망일 경우 형제 모두가 음시에 해당되어야 하는데 사실은 그렇지 않는 경우가 대부분이다. 여러 가지 사항들을 종합적으로 판단해야 한다.

수태일(受胎日) 아는 법

출생 년, 출생 월, 출생 시와는 무관하게 출생일에 의하여 임신된 날짜를 알 수 있다.

사주명식에서 일주와 간지 합이 되는 날이 수태된 임신일이다. 그리고 태어난 일주의 일지에 의하여 임신 기간이 정해지는데, 지지에 따라 임신 기간이 다르다.

여기서 말하는 출생일은 자연분만일 경우를 이야기하며 제왕절개 등 인위적인 출산은 배제한다.

출생일주와 합이 되는 날이라 함은 출생일주와 천간과 지지가 합이 되는 날을 말한다. 다시 말해서 간합(干合)과 지합(支合)이 되는 날을 의미한다.

출생일의 지지에 따른 임신 기간은 다음과 같다.

子, 午일 출생: 276일

卯, 酉일 출생: 246일 또는 306일

寅, 申일 출생: 256일

巳, 亥일 출생: 286일

辰, 戌일 출생: 296일

丑, 未일 출생: 266일

일례를 들어 설명하면 壬子일 출생의 경우, 남녀를 불문하고 子일 출생은 임신 기간이 276일이 되므로 출생일로부터 276일을 소급하여 계산하여 나가면 정확히 276일째에 壬子와 간지합이 되는 丁丑일이 나온다. 이날이 바로 수태된 임신일이다.

이 수태일 계산법은 열이면 열 명, 백이면 백 명 한 명도 착오 없이 다 맞는다. 임상을 해 보면 실감을 하게 된다.

오히려 오늘날 의학적으로는 누구나 할 것 없이 일률적으로 평균 임신 기간을 276일을 예정하고 있는데 출산일이 잘 맞지 않는 경우가 있는 것을 볼 때 명리학이 훨씬 과학적임을 알 수 있다.

참고로 출생일에 따른 수태일을 찾아서 임신일에 해당하는 운기론에 입각하여 선천체질을 분석하고 체질에 따른 처방을 하는 오운육기 체질법이 있는바, 오늘날에 와서 한방 의학계의 비상한 관심을 불러일으키고 있음을 소개해 둔다.

체질분석과 처방이 신묘할 정도로 효험이 있다. 필자가 명리학 강의 시 고급반 과정에서 이 수태일 아는 법 과목 시간에 오운육기학을 소개하는데, 많은 수강생들이 본인과 가족들의 수태일의 정확성과 체질을 알고서 신기할 정도로 신통해 하면서 명리학의 신비스러움에 감탄해

마지않는 경우를 자주 본다.

이러한 관점에서 볼 때 사람의 명을 볼 때는 운세뿐만 아니라 반드시 질병과 건강에 대해서도 병행하여 보아야 함을 강조하고자 한다.

이해를 돕기 위해서 출생일에 따른 수태일을 예를 들어본다.

출생일		수태일	출생일		수태일
男子	–	己丑	庚辰	–	乙酉
乙卯	–	庚戌	辛巳	–	丙申
丙寅	–	辛亥	壬寅	–	丁亥
丁巳	–	壬申	癸酉	–	戊辰
戊辰	–	癸酉	甲申	–	癸巳
己未	–	甲午	乙丑	–	庚子

▶ 사례

壬　壬　戊　壬　(乾)
寅　子　申　辰

위 사주의 주인공은 1952년 7월 14일(음력)생으로 壬子 일주이므로 子일은 임신 기간이 276일이다.

출생일로부터 소급하여 276일째 되는 날은 정확히 1951년 11월 5일(음력)로서 수태일 일진은 丁丑이다. 수태일 丁丑은 출생일 壬子와 천간합, 지지합이 된다.

▶ 사례

庚 甲 丁 壬 (坤)

午 寅 未 戌

甲寅일생으로 출생일은 1982년 6월 10일(음력)이다.

출생일이 寅이므로 임신 기간은 256일이 되는데, 출생일로부터 소급하여 256일째 되는 날은 일주와 합이 되는 己亥일이다. 수태일은 己亥일로서 1981년 10월 21일(음력)이다.

태아(胎兒) 감별법

 임신 중에 있는 태아의 성별을 감별하는 방법과 사주에 따라 남녀 자식의 수를 알아보고자 할 때 다음과 같은 육신법에 의하여 판단하는데, 꼭 맞는 것은 아니나 일반적으로 그러한 경향이 많으므로 소개하고자 한다.

 남자 사주는 관성이 자식이 되는데 일간을 위주로 하여 양간(陽干)은 편관이 아들이요, 정관이 딸이며, 음간(陰干)은 정관이 아들이요, 편관이 딸이다.
 여자 사주는 식신, 상관이 자식이 되는데 일간을 위주로 하여 양간(陽干)은 식신이 아들이요, 상관이 딸이며, 음간(陰干)은 상관이 아들이요, 식신이 딸이다.
 남자 사주에 관성이 전혀 없고 관성을 극하는 식신, 상관이 많을 경우 자식 특히 아들을 구하기 힘들다. 또 시지가 일간으로 보아서 절(絶)에 해당되는 경우와 시지가 일주로 보아서 공망에 해당되는 경우에도 자식 특히 아들 구하기가 힘들다.

여자 사주에 식상성이 자식에 해당되는데 식상성이 없고 식상성을 극하는 편인, 정인이 많을 경우에는 자식을 구하기 힘들며 또한 유산이 잦다. 또한 여성의 사주에 木火가 많아서 조열하고 수가 미약할 경우 자궁기능이 약해서 임신이 잘 안 되는 경우가 많다. 이러한 때는 水가 왕성한 해와 월에 임신이 잘 되고 출산 또한 가능하다.

시주(時柱)는 자식궁으로 보는데 남자가 시주에 상관이 강하고 관성이 약하거나, 여자가 시주에 편인이 강하고 식상성이 약할 때도 자식을 구하기 힘들다.

남자 사주에 관성이 약하거나 지장간에 관성이 암장되어 있으면 관성이 천간에 투출되는 대운이나 세운에 득남(得男)하고, 여자 사주에 지장간에 식상성이 암장되어 있으면 식상성이 천간에 투출되는 대운이나 세운에 출산이 가능하다.

▶ 사례

庚 壬 丁 甲 (坤)
戌 辰 卯 辰

사주 내에 水가 약하여 자궁기능이 약하다. 서른이 넘도록 임신이 되지 않았다. 甲戌년에 임신했으나 유산되었는데 甲木이 식신에 해당되어 자식을 낳을 수 있으나 戌土가 습토 辰土를 충하였기 때문으로 본다.

乙亥 세운에 출산에 성공했다. 상관에 해당되는 데다 壬水가 亥水에 통근하니 가능했다고 본다. 또한 대운도 丑土가 대운이었으니 습토에

해당된다. 음양의 이치가 참으로 신기하다.

  이러한 사주는 자체 내에 식신, 상관이 왕성하여 자식을 구할 수 있으나 水가 약한 경우에 해당되는데, 대운과 세운에서 水가 旺하니 득자(得子)한 경우로 볼 수 있다.

▶ 사례

己 乙 戊 丁 (乾), 乙 甲 庚 丙 (坤)
卯 亥 申 酉   丑 子 子 申

  위 사주는 부부 사이로서 딸은 셋이나 아들이 없다. 여자 사주는 식신생재하는 사주로서 식신이 있으니 자식을 둘 수 있다. 남자 사주도 년지와 월지에 관성이 있으니 아들을 둘 수 있다고 보나 乙亥 일주는 申酉가 공망이다.

  자식이 공망이 되니 아들을 두지 못했다. 사주를 임상하다 보면 이렇게 공망에 해당되어도 사내아이를 갖기 힘들 뿐이지 여아는 쉽게 갖는 경우를 많이 본다.

궁합(宮合)

미혼남녀의 궁합뿐만 아니라 사업상의 동업관계, 직장 및 조직관계에서의 인간관계, 친구관계 등 자연인인 두 사람의 친소관계뿐만 아니라 좋은 인연, 나쁜 인연 등을 보는 데 참고하면 많은 도움이 된다.

사주가 전혀 다른 두 사람 사이가 아주 친숙하거나 원수보다 더한 악연이 되는 등의 관계는 신통하리만큼 음양오행에 잘 나타난다.

『손자병법』에 '남을 알고 나를 알면 백전백승'이라는 구절이 있는데 복잡하고 혼탁한 세상을 살아가는 데 있어 이 궁합 보는 법을 잘 활용하면 스스로 찬탄을 자아낼 것으로 믿는다.

(1) 좋은 궁합

상대방 일주끼리 간지합이 되는 경우에는 대길하다.

상대방 일간끼리 간합이 되는 경우에도 길하다.

상대방 일지끼리 지합이 되는 경우에도 길하다.

사주용신에 해당되는 오행이 상대방 일간에 있을 경우 대길하다.

사주용신에 해당되는 오행이 상대방 사주에 많을 경우 길하다.

(2) 나쁜 궁합

상대방 일주끼리 천간충, 지지충이 되는 경우 대흉하다.

사주흉신에 해당되는 오행이 상대방 일간에 있을 경우 대흉하다.

신약 사주인데 일간을 충하는 천간이 상대방 일간에 있을 경우 대흉하다.

상대방 사주와 일간끼리 충하거나 일지끼리 형, 충, 원진일 경우 흉하다.

일주공망이 상대방 일지에 서로 있는 경우 대흉하다.

일주공망이 상대방 일지에 있는 경우 흉하다.

두 사람의 사주를 년주는 년주끼리, 월주는 월주끼리, 일지는 일지끼리, 시지는 시지끼리 대조하여 형, 충, 원진이 많을 경우 대흉하다.

일간오행이 서로 같고 월지오행이 서로 같은 경우 대흉하다.

▶ 사례

癸乙庚戌 (坤), 己辛戊己 (乾)
未未申戌　　亥未申亥

위 여자의 사주는 40세가 된 독신여성으로서 己亥생 남자와 丁丑년에 결혼했다.

戊戌생 여자는 년지, 일지, 시지가 전부 화개에 해당되며, 일지와 시지는 과숙살에 해당된다. 화개가 많고 과숙살과 겹쳐 있으니 독수공방하기 십상이다. 그러나 관성이 월주에 강하게 자리 잡고 있으니 혼자 사는 사주는 아니며 단, 부부지간에 별거나 적막감이 감돌게 된다.

대운에서 火운이 들어오니 관성을 극함이 강하여 독신으로 직장생활을 해오다 대운이 습토 辰운에 들어서자 결혼하게 된 것이다. 이 사주는 신약 사주로서 수목(水木)이 용신이다.

남편의 사주는 일간이 辛金으로 칠살이 되니 신약 사주에 칠살은 대흉이다. 결혼해서 불과 2~3개월 만에 부부간에 갈등이 심하고 특히 여자는 독신생활을 하면서 저축한 돈을 전부 남편이 하는 사업에 투자해 주고 후회막급이다.

그러나 남자는 재혼하면서 경제도 넉넉해지고 안정이 되었으니 전처 자식 둘을 데리고 살면서도 큰소리를 탕탕 치니 가관이다. 남자 사주는 辛金이 신왕 사주에 재관이 용신인데 재관이 지지에 암장되어 있을 뿐 극히 미약하다. 상관이 강하니 교만하고 총명하여 결혼도 계산에 의해서 했다고 볼 수 있다. 신왕 사주에 상관이 왕하고 재성이 없으면 재주는 비상하나 재물과는 거리가 멀어 불평불만이 많은 법이다.

그런데 이 사주가 상대방 여성이 꿈에도 그리는 재성 乙未에 해당되니 그것도 편재에 해당되어 결혼과 함께 목돈이 들어왔으니 팔자를 고치게 된 것이다.

辛未 일주가 戌亥가 공망에 해당되는데 년지, 시지 亥水가 공망이다. 亥 중의 甲木이 공망이 되니 초혼을 실패하였고 재혼하였으나 부부갈

등이 심하다. 여자는 손해 보고 남자는 득 보는 유형의 궁합사례에 해당된다.

▶ 사례

戊 庚 辛 癸 (乾), 丙 甲 壬 壬 (乾)
寅 寅 酉 巳   寅 寅 子 辰

庚金 일주는 신왕 사주로서 木火가 용신에 해당된다.

월주에 겁재가 왕하고 년간에 癸水 상관이 투출하니 거만하고 방자하며 일확천금을 꿈꾸는 사주이다. 甲寅 일주사주는 신왕 사주로서 火土가 용신에 해당된다.

癸巳년생이 편재에 해당되는 甲寅 일주를 만나 갖은 유혹을 하여 사업상으로 중요한 도움을 받았으나 甲寅 일주는 경금이 사주 자체에 水가 旺하여 金生水하여 주므로 도움이 되지 못하고 오히려 칠살에 해당된다. 천신만고의 어려움을 겪으면서 혼신의 도움을 주었으나 결국은 기만당하고 악연이 되고 말았다.

▶ 사례

壬 戊 戊 壬 (乾), 辛 丁 丙 乙 (坤)
子 子 申 辰   亥 未 戌 未

戊 일간 사주는 신약 사주로서 財가 너무 태왕하다.

지지에서 申子辰은 삼합을 하니 旺水의 위력을 戊土가 감당할 수 없다. 게다가 사주 내에 火가 없어 너무 한랭하니 일대 결점이 되고 있다.

丁 일간 사주는 신약 사주로서 너무 조열하여 시지 亥水가 정관으로

서 조후 용신이 되니 극히 아름답고 시간에 辛金이 생해주니 능히 쓸 수 있다.

　남자의 명이 火가 부족한데 여자의 명이 火土가 많아 용신이 되고, 여자의 명이 火土가 많아 金水가 필요한데 남자의 명이 용신이 많아 서로가 도움을 주니 오행상 궁합으로서 최고의 배합이 된다.

　남자의 명이 재성이 많아 일처를 지키기엔 어려우나 여자의 명이 정관이 조후 용신에 해당되고 하나뿐이며 재성으로부터 생조를 받으니 오로지 일편단심 남편만을 사랑한다.

　두 부부의 사주가 서로 용신에 해당되고 여자의 명이 좋아 부부해로 하게 되고 말년 대운이 좋아 대발할 수 있다.

남편복 있는 사주

여자 사주에 정관을 남편으로, 편관을 정부(情夫)로 보나, 편관도 하나만 있을 경우는 남편으로 본다.

여자 사주는 정관이든 편관이든 하나만 있으면서 천간에 투출하고 지지에서 강하게 통근 및 득생해야 그 남편이 출세하고 영달하며 여자 또한 일부종사하며 부귀하게 된다.

사주가 신왕하고 중화되며 재성이 관성을 생하면 본인도 부귀하며 남편도 크게 성공한다. 사주가 신왕하고 관성이 천간에 투출되며 생왕하면 그 남편이 부귀한다. 일지에 관성이 있고 용신에 해당되면 그 남편이 용모가 준수하며 남편복이 있다. 일지가 용신인 경우도 남편복이 좋다.

▶ 사례

己 庚 丁 己 (坤)
卯 申 卯 卯

관성이 남편 丁火가 하나만 투출되고 월지 卯가 바로 밑에서 생해주고 있으며 다른 지지에서도 재성이 왕하여 관성을 생해줌이 강하다.

庚 일간이 신약한데 일지에 통근하니 남편복이 있다. 申酉대운에 용신이 들어오니 그 남편이 대발전을 거듭하여 종국에는 대통령이 된 사주이다.

이처럼 왕한 재가 하나뿐인 관성을 향하여 재왕생관하면 오로지 남편의 출세를 위하여 일편단심으로 전력을 다하며, 그 남편 또한 그 부인을 애지중지하게 된다.

남편복 없는 사주

사주 내에 관성이 아주 약하거나 거의 없을 때, 관성이 두세 개 겹쳐서 관살혼잡되어 있을 때, 관성을 극하는 식신상관이 강하거나 많을 때 등은 모두 남편복이 없는 대표적인 경우인데, 이 외에도 열거하면 다음과 같다.

상관이 월지 및 년간에 있고 관성이 약하거나 없을 때 초혼에 실패하는 자가 많다. 단, 재성이 있어 재성관해주거나 상관생재하는 경우는 예외가 될 수 있다. 관성이 없거나 관성이 있어도 뿌리가 없어 미약한 경우 독신녀가 되거나 초혼에 실패하거나 첩이 된다. 설사 개가하여도 남편복이 없다.

신왕 사주에 비겁이 많고 관성이 약한데 재성이 없을 경우, 남편이 바람 피는 경우가 많고 또 본인이 의부증이 많아 이혼하게 되는 수가 많다. 또는 첩이 되거나 접대부 등의 생활을 한다.

비겁이 많고 신왕하면서 인성이 많고 관성도 약할 때 자식복과 남편복이 없다.

관살이 많고 신약한 경우 많은 남자를 상대하는 접대부나 기생이 된다.

金水 일간 사주로서 亥, 子, 丑월에 태어난 경우 공방살이하는 경우가 많고, 성욕이 강해서 수절이 곤란하다. 술집이나 다방, 요식업에 종사하는 경우가 많다. 관성이 공망에 해당될 때 남편복이 없다.

일지가 상관일 때 남편복이 없다. 일지는 배우자궁인데 정관인 남자를 극하는 상관이 일지에 있기 때문이다.

일지가 흉신에 해당될 때도 남편복이 약하다.

일지가 형, 충, 원진일 때도 부부관계가 시끄럽다.

일지가 12운성의 제왕에 해당될 때도 남편이 병약하거나 생활능력이 없어 본인이 직접 생활 전선에 나가는 경우가 많다. 특히 신왕 사주에 해당될 때는 거의 그러한 경향이 강하다.

▶ 사례

丙 辛 辛 壬 (坤)
申 亥 亥 辰

상관이 년지, 일지에 있으면서 년간에 투출되어 통근하고 있으니 상관이 극도로 강하다.

丙火 정관이 있으나 통근 및 득생을 못하니 너무 약한 데다 상관으로부터 극을 받음이 심해서 사십이 넘도록 미혼으로 독신여성이다.

辛金 일간이 亥월에 태어난 데다 사주 전체가 너무 한랭하여 공방살이 하는 여성의 대표적인 사주에 속한다.

▶ 사례

丁 辛 庚 癸 (坤)

酉 亥 申 己

일지 상관에 해당되고 관살이 혼잡되어 있으며 신왕 사주로서 비겁이 왕하고 관성 火가 약하다. 남자친구가 많고 인기도 좋으나 독신여성이다.

▶ 사례

甲 癸 癸 壬 (坤)

寅 酉 丑 午

관성 丑土가 酉丑합하여 약해지며 비견 癸水가 丑土 위에 앉아있고 비겁이 왕한데 관성이 약한 사주에 속한다.

사주에 상관이 왕하여 약한 관성을 극함이 심하고, 대운이 흉신인 金水운으로 향하니 자식을 낳은 후 이혼하여 혼자 살고 있다. 특히 상관이 왕하고 관성이 약한 사주는 상관에 해당되는 자식을 낳은 후 이혼하는 경우가 많다.

▶ 사례

甲 戊 乙 戊 (坤)

寅 寅 卯 寅

신약 사주로서 관살로 둘러싸여 있다. 전형적인 접대부나 기생 사주에 속한다. 나이가 들도록 술집을 운영하며 어렵게 살아가고 있다.

혹자는 종살격(從殺格) 사주라 하여 대부귀한다고 하겠으나 천만의 말씀이다. 戊土가 木으로부터 극함이 심하니 위장에 좋지 않아 술만 먹으면 구토를 한다.

처복 있는 사주

　남자 사주에 정재를 정처(正妻)로 보고 편재를 첩(妾)으로 보나 편재도 하나만 있는 경우는 정처로 본다. 남자 사주는 정재든 편재든 하나만 있고 천간에 투출하여 지지에 강하게 통근 또는 득생해야 해로하며 처복도 좋다.
　신왕 사주로서 식신이 재성을 생하고 재성이 왕한 경우, 처복이 좋아 결혼하여 득처하면서부터 부자가 되고 출세한다. 신왕 사주에 관성이 약한데 재왕(財旺)하여 재생관하는 경우, 그 처가 현명하여 내조를 잘하며 남편이 출세한다. 이러한 사주도 득처 발복이다.
　신왕 사주에 재성이 건록이나 장생을 만나는 경우, 현모양처를 얻으면 그 처의 내조가 훌륭하다.
　사주에 재성이 길신인 경우와 일지가 용신인 경우도 처복이 있다.
　사주에 일지가 정재이면서 용신인 경우도 그 처가 미모이며 내조가 크다.

▶ 사례

丁 庚 丁 乙 (乾)

丑 申 亥 卯

신왕 사주로서 식신이 생재하고 정재가 건록을 만나서 처의 내조가 훌륭하였으며 재운이 좋아서 국내 재벌이 되었다.

▶ 사례

辛 丙 乙 戊 (乾)

卯 寅 卯 寅

신왕 사주로서 식신이 생재하고 시간에 약한 辛金 정재가 대운에서 金운을 만나니 재운이 통재하여 수백억 재산가가 되었다.

처복 없는 사주

사주에 재성이 없는 경우에는 결혼해도 실패하거나, 대운에서도 재운이 들어오지 않을 때는 독신으로 지내는 수가 많다.

사주에 정재, 편재가 혼합되어 있거나 재성이 여럿 있을 때 축첩하거나 재혼, 삼혼하는 경우가 많다. 신왕 사주에 비겁이 쟁재(爭財)할 때 그 처가 바람을 피우거나 아니면 처를 학대하는 경우가 많다. 사주에 인성이 용신인데 재왕(財旺)하여 인성을 파극(破剋)할 때 처가 악처(惡妻)인 경우가 많다.

일지가 형, 충이 되면 이별, 사별 또는 부부관계가 시끄럽다. 일지가 흉신에 해당될 때도 처복이 약하다.

신약 사주에 재왕할 경우 처가 가권(家權)을 쥐거나 공처가(恐妻家)인 경우가 많다. 이러한 사주의 사람은 천성적으로 심성이 좋고 부인의 말을 잘 듣는다. 처복 없는 사주로 단정하기 곤란한 경우이다.

▶ 사례

戊 丙 癸 壬 (乾)
子 辰 卯 辰

사주 내에 재성이 없다. 대운에서도 재운이 들어오지 않아 사십이 넘도록 혼자 살고 있는 독신 남성이다. 이 사주는 신약 사주로서 재성이 흉신에 해당되어 하는 일마다 실패를 연속하였다.

▶ 사례

辛 辛 庚 戊 (乾)
卯 卯 寅 子

辛金 일간이 신약 사주로서 정재, 편재가 3개나 혼합되어 있다. 세 번 결혼했으나 세 번 다 실패하였다. 재성이 흉신이므로 대운마저 약하여 사업도 수차에 걸쳐 실패하였다.

천간에 비견, 겁재와 인성이 도우나 모두 지지에서 일간을 강하게 도와주지 못하여 통근 및 득생을 못한다.

신약재다(身弱財多) 사주로서 바람 피우는 전형적인 사주라고 하겠다.

▶ 사례

壬 癸 戊 壬 (乾)
子 丑 申 辰

신왕 사주로서 재성이 없다.

癸 일간의 금월에 태어나니 금백수청(金白水淸)이라 성품이 깨끗하고 인정이 많다.

그러나 사주가 너무 한습하고 火가 전혀 없어 지장간에서도 찾아볼 수 없으니 그야말로 속세를 떠나 외로이 홀로 있는 격으로, 대학을 졸업하고 불가에 귀의한 한 스님의 사주이다. 그야말로 水운으로 향하니 고립무원이다.

壬申년 甲辰월에 외국을 다녀와서 피곤하다고 주무시던 중 심장마비로 유명을 달리했다.

火는 심장에 해당되는데 사주원국뿐만 아니라 대운도 흉하고 세운마저 申子辰 삼합하여 水局이 겹치니 水剋火가 심하여 어찌할 수 없었다고 본다.

학사스님으로 학문이 높았으며 청빈한 생활을 하시었으며 인품도 고결하였다. 혹자는 이 사주를 윤하격(閏河格) 사주라 하여 金水운에 대발한다고 할 것이나 그렇지는 못하다.

시험합격, 선거당선, 승진, 취직, 부동산 매매, 신규개업 등 여부

사주에 인성이 용신에 해당되는데 인성이 들어오는 해와 달에는 문서지사가 이루어진다. 사주에서 용신에 해당되는 해와 월에 들어오면 대길이다.

평생에 중요한 문서지사인 고시합격, 선거직 당선, 고위직 승진, 대규모 신규개업, 사업확장 등은 대운이 반드시 용신에 해당되어야 하고 세운도 용신에 해당될 때는 필히 소망이 이루어진다. 관성이 용신에 해당되는데 재관운이 들어오면 대길이다.

대운이 흉하고 세운이 또한 흉한 경우는 백사(百事)가 이루어지지 않는다. 설사 시작은 좋더라도 결말은 대흉이다. 대운이나 세운이 상관운에 해당될 경우에도 결정적으로 불명예스러운 결과를 가져오는데, 대부분의 경우 상관은 기고만장하는 기질이 강하므로 엉뚱한 일을 무모하게 추진하다 몰락하는 경우가 허다하다. 대부분 큰 명예와 권력을 탐하거나 예기치 않은 일로 관재 구설수로 실패하는데 후유증이 거의 치명적일 정도로 크다.

▶ 사례

庚 戊 辛 丙 (乾)
申 戌 丑 戌

戊 丁 丙 乙 甲 癸 壬
申 未 午 巳 辰 卯 寅

신왕 사주에 식신, 상관이 투출하고 강하여 총명하며 달변이다.
식신상관이 흉신에 해당하니 지나친 재주와 입을 잘못 놀려서 화근이 될 수 있으니 조심해야 한다. 丙午 대운에 용신 火가 들어오니 선거직을 2회 연임하고 있다.

이 사주는 신왕 사주이나 丑월에 태어나 金이 많고 한랭하므로 억부법을 사용하지 않고 조후법을 사용하여 丙火를 용신으로 한다. 丙火는 인성이니 丙午대운에 대발한 것이다.

이 사주는 억부법으로 볼 때는 재성인 水가 용신이나 조후법으로 하여 火가 용신에 해당되므로 水는 흉신에 해당된다. 사주가 이러하면 재물은 평생 멀리해야 하고 사업 또한 금물이다. 다만 인성에 해당되는 명예직은 길하다.

▶ 사례

壬 丁 辛 壬 (乾)
寅 亥 亥 辰

戊 丁 丙 乙 甲 癸 壬

午巳辰卯寅丑子

丁火가 신약하여 시지 寅木 인성을 용신으로 하고 있다.

이러한 사주는 寅을 극하는 金운에 대실패하는 경우가 많다. 庚午, 辛未년에 사업이 부도나고 패가망신하였다.

또 사주가 이처럼 너무 신약하여 인성에 겨우 의지하고 있는데, 인성을 극하는 재성은 대흉신이므로 재성에 해당하는 재물 즉, 사업은 불가하다. 월간에 편재가 있어 일확천금을 꿈꾸나 분수를 지켜야 한다. 대운 巳午未 남방운에 성공할 수 있으나 대사업가는 되지 못한다.

부도, 사업파산, 손재(損財)

　신왕 사주에 겁재(劫財)운이 올 때는 겁재가 뜻하는 글자 그대로 재산상에 큰 손해를 가져오므로 공동사업이나 보증을 서주는 일, 신규투자 및 돈을 빌려주는 등의 일은 절대 금물이다. 평소 잘되던 사업도 갑자기 불행이 닥쳐 부도를 당하는 등의 일이 있는 때인 만큼 매사에 용의주도하게 처신을 하여야 한다.

　겁재운 때는 손재뿐만 아니라 부부간에도 이별 등의 일이 있게 되는 수가 많다.

　신약 사주에 재성(財星)운이 올 경우에는 재산상의 큰 손실이 닥친다. 특히 일확천금을 꿈꾸다 실패하는 경우가 많다. 운이 불미할 경우는 질병과 재난으로 인하여 손재뿐만 아니라 목숨을 잃는 수도 있으니 유의해야 한다.

　사주상의 용신을 충하거나 합하는 흉신 운에도 부도, 사업파산, 손재, 실직 등의 일이 발생할 수 있다.

▶ 사례

丁 庚 丁 乙 (乾)
丑 申 亥 卯

신왕 사주로서 재관이 용신이다.

이러한 사주는 재성을 극하는 겁재와 정관을 극하는 상관을 항상 조심해야 한다. 겁재운이 겹치는 辛未년 辛丑월에 수천억 원의 세금을 추징당했으며 壬申년 壬子월에 대통령 선거에 무모하게 도전하여 불명예를 남기고 낙선하였다.

癸酉년은 상관과 겁재가 겹치니 스스로 만든 당마저 해산하고 말았다. 평생을 통해서 최악의 나쁜 운에 승부를 걸었으니 어찌 하늘의 운기를 거역할 수 있겠는가. 숙연할 따름이다.

실직, 낙선, 불합격, 소송, 파산 등

신왕 사주에 관성이 용신인데 관성을 극하는 상관운이 오면 선거에서의 낙선, 실직, 사업파산, 소송, 시험 불합격 등 이루 헤아릴 수 없는 불운이 닥친다. 여자의 경우는 남편과의 사별이나 이별 등이 있게 된다.

사주에 관성이 있는데 상관운이 오면 흉하게 된다. 사주에 상관이 있는데 관성운이 와도 흉하게 된다. 상관은 관을 상(傷)한다는 뜻이므로 사주 내에서 상관과 정관이 같이 있어서 극을 해도 나쁘지만 운에서 서로 극을 해도 흉하다.

▶ 사례

戊 庚 乙 癸 (乾)
寅 辰 卯 亥

이 사주는 H그룹 회장의 명이다.

庚 일간이 신약하여 土金이 용신에 해당된다. 년주에 상관이 통근하

여 두뇌가 뛰어나고 직선적이며 반골 기질이 있으며 솔직한 성품이면서도 자만심이 강하다.

월주에 정재가 강하게 자리 잡고 있으며 상관이 생재하니 이재에 뛰어나며 사업 감각이 타의 추종을 불허한다. 용신인 土金대운을 만나면 개천에 용 나듯 재물이 모이게 된다. 말년에 뒤늦게나마 戊申, 己酉 대운이 들어오니 일약 재벌급에 이르렀다.

그러나 丁未 대운은 왕성한 년주 상관이 丁火 정관을 극하고, 세운마저 丁丑운이 들어오니 정관과 상관의 싸움이 격렬해져 천지가 진동하듯 대실패를 하게 되었다.

土金이 용신이므로 부동산 및 건설업으로 성공하였지마는 庚 일간이 신약하여 火는 사용하지 못하므로 불을 사용하는 철강업은 맞지 않는다.

▶ 사례

戊 庚 辛 癸 (乾)
寅 寅 酉 巳

신왕 사주로서 재관이 용신인데 년간에 癸水 상관이 巳火 관성을 누르고, 게다가 巳火는 월지 酉金과 합하여 관성이 약해져 있다. 일지, 시지에 편재 寅木이 강하니 편재를 사용해야 한다.

초년에 巳火 관성이 있어 공직에 10여 년 근무한 후 사업에 뛰어들어 상당한 부(富)를 모았으나, 丁丑년 정관 세운에 년주 상관이 정관을 극하니 형사처분을 받았으며 사업은 파산하였다.

이 사주는 겁재와 상관이 나란히 투출되어 있어 운세가 흉하면 곧바로 관재와 재난을 당하게 되어 있다. 지난 癸酉년은 상관과 겁재가 같이 들어오는데 이해에도 공금유용 혐의로 형사처분을 받은 바 있다. 이러한 사주는 상관운, 겁재운, 정관운이 모두 좋지 않으니 운세의 제약이 그만큼 크다고 보아야 한다.

질병

　사주명식이 오행이 중화되고 대운이 양호하면 무병장수한다. 통상적으로 말하는 혈기(血氣)가 왕성하다는 것은 건강한 사람을 두고 일컫는 말인데, 혈기란 음양(陰陽)을 두고 일컬음이니 혈은 음이요, 기는 양에 해당되는 즉, 음양이 중화되어 있음을 의미한다.
　인체는 단전(丹田)을 중심으로 하여 상체는 양이요, 하체는 음으로 분류한다. 또한 양은 火요, 음은 水이다.
　음기는 위로 올라가고 양기는 아래로 내려와 수승화강(水昇火降)이 잘 되어야 질병이 없고 건강하게 되는데, 모든 질병은 음양의 중화가 안 된 상태로서 음이 태부족이거나 양이 태부족일 때 발생하는 것이다.
　사주명식에서 水가 태부족(太不足)일 경우에는 혈(血)이 부족하여 혈압이 비정상적이며 순발력은 있을지라도 체력이 달려 지구력이 부족하다. 신장 부위에 해당하는 허리가 아프며 깊은 수면에 들지 못하고 심한 경우에는 뒷목이 당기는 현상이 나타난다. 특히 여자의 경우는 생리불

순, 유산 등 임신기능과 자궁이 약하며 남자의 경우는 정력이 부족하고 조루증이 있다.

이러한 사람에게는 녹용이나 독한 술 등은 금물이며 좋은 생수를 상용하고 채식 위주로 섭생을 하여 음기를 보충해야 하며, 과식 및 육식 과다에 의한 비만 증세를 요주의해야 한다.

사주명식에서 火가 태부족(太不足)일 경우에는 사람이 명랑치 못하고 내성적이며 소심·우울한 경우가 많고, 얼굴색이 창백하며 손발이 차고 몸이 냉하다. 심장이 약하여 의기소침하고 겁이 많아 큰일이 닥치면 안절부절못한다. 이러한 사람에게는 녹용, 인삼 등의 보양제가 좋고 항상 몸을 따뜻하게 해주고 적당한 운동을 하여 기 순환을 원활히 해 주어야 한다.

그리고 사주가 너무 편고(偏固)되어서 한 가지 오행이 너무 태과하거나 반대로 불급(不及)할 경우에도 그 해당되는 오행의 장부에 질병이 발생하게 되는 경우가 많으며 즉, 한방에서 허한즉 보하고 실한즉 사한다는(虛補實瀉) 기본원칙은 바로 이와 같은 원리에서 출발한다고 보면 될 것이다.

木 일간이 태과 또는 불급할 경우 간담에 질환이 오며, 木 일간이 태과할 경우 풍증(風症)이 있다.

火 일간이 태과 또는 불급할 경우 심장과 소장에 질환이 오며, 火 일간이 태과할 경우 열증(熱症)이 있다.

土 일간이 태과 또는 불급할 경우 위장과 비장에 질환이 오며, 土 일간이 태과할 경우 습증(濕症)이 있다.

金 일간이 태과 또는 불급할 경우 폐와 대장에 질환이 오며, 金 일간이 태과할 경우 조증(燥症)이 있다.

水 일간이 태과 또는 불급할 경우 신장과 방광에 질환이 오며, 水 일간이 태과할 경우 한증(寒症)이 있다.

참고로 열증과 한증에 대하여 상세히 설명을 하면, 음양의 생리적 현상과 조화가 무너져 양의 작용이 지나치게 강한 상태를 열증이라 하고 이러한 사람을 열형 체질이라 한다. 그 반대로 음의 작용이 지나치게 강한 상태를 한증이라 하고 이러한 사람을 한형 체질이라 한다.

이것은 질병의 상태는 아닌 것이며 체질이 그러하다는 것이다. 그러나 이러한 체질은 운기의 부조화 및 섭생, 기타 건강 부주의 등으로 인하여 질병으로 연결될 수 있음은 물론이다.

열형 체질은 신체 내의 열을 만드는 방법이 너무 빠르거나 또는 열의 방산이 너무 늦기 때문에 항상 필요 이상의 열을 갖고 있는 것이며, 한형 체질은 신체 내의 열을 만드는 방법이 너무 늦거나 또는 열의 방산이 너무 빠르기 때문에 항상 열이 부족한 상태인 것이다.

구체적으로 사례를 들어 두 체질을 비교해보면,
열형 체질은 얼굴이 붉고
한형 체질은 푸르고 하얗다.

열형 체질은 따뜻한 방을 싫어하고
한형 체질은 냉방을 싫어한다.

열형 체질은 차가운 음식을 좋아하고
한형 체질은 따뜻한 차를 즐긴다.

열형 체질은 낮에도 거울을 보면서 눈곱을 닦는 수가 있고
한형 체질은 여성의 경우 대하가 많고 한 번의 속옷으로 하루밖에 입을 수 없으며 속옷을 자주 갈아입지 않으면 기분이 나쁘다.

열형 체질은 그다지 화장실에 가고 싶지 않으며
한형 체질은 화장실에 자주 드나든다.

열형 체질은 대변이 굵고 변비의 기미가 있으며
한형 체질은 부드럽고 하리(下痢)하는 수가 있다.

열형 체질은 안정된 상태에서 1호흡에 맥이 5회 이상 뛰며
한형 체질은 1호흡에 4회 이하이다.

열형 체질은 여성의 경우 생리의 혈색이 깨끗하고 붉으며
한형 체질은 조금 거무스레하다.

열형 체질은 여성의 경우 일정한 생리 주기가 문란해질 경우에 빨라지게 되고
한형 체질은 늦어진다.

▶ 사례

癸 戊 乙 戊 (乾)
亥 申 卯 子

일간 戊土가 태약(太弱)한 사주이다. 44세 대운까지는 火土운이라 공직에 있으면서 별 무리 없이 살아왔다. 이후 金대운이 천간 지지로 들어오니 신약 사주에 설기가 심해 대흉이다.

49세 丙子년에 디스크 증세로 연가를 내고 치료를 받던 중 담당 치료의로부터 문의가 있어 심장이 약하고 대운이 다하였으므로 치료에 신중을 가해야 할 것이라고 조언을 해주었는데 불과 이틀 뒤에 집에서 취침하던 중 심장마비로 돌연사했던 고인(故人)의 명이다.

이 사주는 火가 지장간에도 전혀 없는 터에 金水가 왕하고 대운마저 흉하니 디스크 증세도 중요하지만 언제 어떤 불행이 닥칠지 모르는 심히 불안한 운세이다.

어떤 이는 이런 사주를 戊土가 뿌리가 없어 약하니 종격사주라고 하여 金운에 대발한다고 할지 모르나, 강왕격이나 종격을 함부로 논해서는 커다란 오판을 불러오게 된다.

▶ 사례

庚 甲 庚 辛 (坤)
午 戌 寅 未

丙 乙 甲 癸 壬 辛
申 未 午 巳 辰 卯

甲 일간이 寅월에 태어나서 신왕 사주이나 지지에서 寅午戌 삼합이

되어 화국(火局)을 이루고 未土도 조토가 되어 甲 일간이 훨훨 타오르는 불 위에 놓인 장작의 형국이다.

게다가 천간에서 관살이 甲木을 극함이 심하니 이러한 경우에는 水가 반드시 있어서 왕성한 火를 극하고, 金의 기운을 水로 뽑아내어 일간을 생해주어야 한다.

그러나 水는 지장간에서마저 없으니 甲 일간은 사면초가에 싸여 고립무원인 처지가 되었다. 사주에 병은 중한데 약은 없는 격이니 속수무책이다.

뇌성마비 여아로 5세가 되도록 보지도 듣지도 못하며 거동도 못하는 상태에서 별의별 치료를 다했으나 안타깝게 세상을 뜨고 말았다. 그나마도 초년 세운이 壬水운이어서 짧은 명이나마 유지했던 걸로 판단된다. 木은 머리에 해당되니 뇌신경이 마비된 경우에 해당된다.

많은 환자를 임상해본 결과 질병의 근본 원인은 水, 火 즉, 음양의 태부족에서 기인됨을 절실히 느꼈다.

수명

사주명식이 중화되고 오행이 상생하며 대운이 좋아야 부귀하면서 무병장수하게 되는데, 이러한 사주는 참으로 드물다.

사주명식이 오행이 상생한다고 사주가 좋은 것은 아니며 더욱이 장수하는 것도 아니다. 요컨대 중요한 것은 오행의 중화가 되어야 한다는 것이다. 사주원국이 중화되었다 하더라도 대운이 흉하면 실격이요, 사주원국이 중화되어 있지 못하더라도 대운이 용신으로 향하면 운에서 중화를 이룬 것이니 이를 더욱 중(重)히 여겨야 한다.

일반적으로 부귀하면서 장수하는 자의 대부분은 설사 초년, 중년에 흉운이 있었더라도 말년에는 반드시 용신운이 들어온다.

주위에 빈한하고 병약하면서 오래 사는 사람이 있는데 이러한 경우 대부분이 용신에 해당되지 않는 운에 있다. 특히 사주명식이 극히 불미스러운데 대운과 세운마저 흉신운이 들어오면 수명에 해롭다. 단명하는 자의 대부분이 이러한 예에 속한다.

▶ 사례

庚 甲 甲 戊 (乾)
午 辰 寅 戌

癸 壬 辛 庚 己 戊 丁 丙 乙
亥 戌 酉 申 未 午 巳 辰 卯

甲 일간이 甲寅 월에 태어나서 신왕 사주에 속한다.

신왕 사주이므로 재관에 해당하는 土金이 용신인데, 사주 내에 용신이 강하고 대운마저 중년, 말년이 계속 40여 년간 土金으로 향하니 부귀공명하고 90이 넘도록 장수하였다.

이 사주가 입춘이 지난 지 6일 만에 태어나 아직 겨울의 찬 기운이 남아 있는데 지지에서 寅午戌 화국(火局)이 되어 조후를 해주니 더욱 아름답다. 사주원국이 중화되고 대운마저 용신으로 달리니 평생에 부러울 게 없었다.

이렇게 좋은 사주는 여간해서 드물다고 보아야 한다. 亥대운에 종명(終命)했는데 신왕 사주에 편인운은 수명에 해롭다.

▶ 사례

丙 庚 甲 辛 (乾)
戌 寅 午 丑

57 47 37 27 17 1

戊 己 庚 辛 壬 癸
子 丑 寅 卯 辰 巳

庚 일간이 午월에 태어나서 신약한 사주이다.

지지에 寅午戌 삼합하여 화국(火局)이 되고 시간에 丙火가 있으며 월지가 火월이니 그야말로 火가 치열하여 맹위를 떨치고 있다.

庚 일간이 火에 휩싸여 金이 불에 녹아나는 형국인 터에 년지에 丑土가 습토로서 왕성한 화기를 火生土로 품어내니 천만다행으로 명맥을 유지하고 있다.

대운 卯운에 甲戌운이 들어오니 木火가 치열하고, 세운 戌운에 寅午戌 삼합이 사주원국과 겹치며, 용신 丑土가 丑戌형이 되니 旺水의 충격을 받아 감당을 못하니 심장마비로 인하여 갑자기 절명하였다.

丑戌형이 되면 丑 중에 암장된 癸水가 戌 중에 암장된 丁火와 충극되어 丑土의 힘이 쇠약해지게 되어 용신이 무력해지니 어찌할 수 없었던 것이다. 사주원국이 불미한데 대운과 세운이 함께 불미하니 단명하게 된 경우이다.

직업

　오늘날 사회가 다원화되고 복잡해지면서 직업도 천차만별이나, 사주 명식을 보아서 용신이 어느 육신에 해당되는가를 보아 다음과 같이 대별하여 분류할 수 있다.

　• 관성이 용신인 경우: 조직의 상하관계 및 규율에 충실하고, 명예를 중히 여기는 성품이다. 관공직, 정치가, 회사관리직, 면허(라이선스)와 관련된 직업이 좋다.
　• 재성이 용신인 경우: 이재에 밝고 재물에 관심이 많으며 사업에 관련이 많다. 금융업, 사업가, 개인 사업이 좋다.
　• 인성이 용신인 경우: 천성이 착하고 어질며 학문을 좋아하고 활인(活人)에 뜻이 있다. 교육자, 학자, 정치가, 작가, 문화사업, 복지사업, 교육사업이 좋다.
　• 식상성이 용신인 경우: 창의력이 뛰어나고 총명하여 조직생활에 싫

증을 내며 자유분방하다. 예술가, 연예인, 요식업, 기술 계통이 좋다.
• 비겁성이 용신인 경우: 사람을 좋아하고 호인이며 투기업, 자유업, 공동업이 맞다.

또한 개인사업을 하거나 기업을 운영할 경우에 사주명식상의 용신에 해당되는 오행과 관련된 사업을 해도 길하다. 다만 용신운이 들어와야 성공을 할 수 있으며 대부분의 경우에 사주용신에 해당되는 오행과 관련한 사업을 하는 경우를 자주 보게 된다.

-木 용신인 경우: 가구, 목재, 원예, 육림, 의류, 서점, 인테리어장식, 건자재, 제재소, 기타 나무와 관련된 업

-火 용신인 경우: 에너지, 가스, 주유소, 문서사업, 연료사업, 기타 불과 관련된 업

-土 용신인 경우: 토건업, 건설업, 부동산업, 기타 땅과 관련된 업

-金 용신인 경우: 철강업, 귀금속, 철물점, 기계업, 금속업, 기타 쇠와 관련된 업

-水 용신인 경우: 요식업, 호텔, 여관, 목욕탕, 수산업, 해운업, 기타 물과 관련된 업

제3장

◆

명리학 개운편
命理學 開運編

세상에 존재하는 유형·무형의 모든 것이 오행이 아닌 것이 없다. 인체의 오장육부, 색상, 숫자, 문자 등은 유형의 것에 속하고 방위, 소리, 맛 등은 무형의 것에 속한다.

이러한 모든 것들 중에서 한 개인의 타고난 사주명국의 용신에 해당되는 오행의 것을 선별하여 선택함으로써 적극적으로 체질과 운세를 강화할 수 있다.

예를 들면 이름, 건물의 방향, 입는 옷이나 액세서리의 색상, 침실 방향, 공부하는 책상 방향, 집무실의 소파 및 책상, 교제 및 거래하는 상대방의 운기 등 이루 헤아릴 수 없는바, 그중에서 활용도가 높고 영향력이 매우 강한 성명과 건강반지에 의한 개운법을 소개한다.

개운법으로서 성명(姓名)의 중요성

선천 운기로서의 명(命)은 고정불변으로 가히 숙명적이라 할 수 있으나, 후천 운기로서의 명(名)은 개명의 가변성이 있기 때문에 능히 길한 방향으로 미래의 운세를 적극적으로 유도할 수 있다. 따라서 개운의 중요한 한 방편으로 활용할 수 있다.

일찍이 공자는 '명(名)은 체(体)를 대표하므로 필히 정명(正名)하라'고 하였으며, 『성경』에서는 '아브람 너의 이름을 아브라함으로 부르고 네 부인 사래를 사라라 고쳐 부르라. 그러면 너에게 아들을 주리라'는 구절이 있다. 또한 나폴레옹은 청년 시절 집시에게 장래 운명을 물은즉, 이름을 고쳐야 장래 큰 인물이 될 수 있다고 하여 개명을 한 일화는 유명하다.

우리나라의 예를 들면 초대 대통령 이승만, 국민의 정부 김대중 대통령도 당초 이름이 아닌 개명한 이후로 대통령에 오르게 된 경우이다.

선천 명국인 사주가 체(体)라면 이름은 용(用)이 되고, 사주가 형체가 없는 음이라면 이름은 유형의 글자와 소리가 있는 양에 속한다. 다시 말해서 사주와 이름은 표리관계로서 몸통과 날개에 해당된다고 볼 수 있다. 사람을 낳고 이름이 주어지듯이 사주가 주체가 되며 이름은 보조에 해당한다.

이렇게 주체와 보조로 분리될지라도 불가분의 관계로서 사주에 맞는 이름이 주어져야 좋은 사주가 더욱 극대화되어 대성공과 발전을 기약할 수 있다. 또한 흉한 사주일지라도 흉한 운세를 최소화하거나 면할 수 있으리라 믿는다.

한 사람의 명을 볼 때 대부분의 경우 이름을 도외시하고 사주만 보고 판단을 하거나, 이름을 보더라도 수리학 정도의 기본 지식만 가지고 임상감정에 임하는 경우가 일반적이다. 그러므로 오판의 여지는 그만큼 많아진다. 왜냐하면 타고난 사주명국 못지않게 이름은 한 사람의 성격, 포부, 인생관 및 운세의 부침, 심지어는 관상에까지도 심대한 영향을 미치기 때문이다.

성명학은 조상으로부터 물려받은 성(姓)과 명(名)으로 구성된 독립된 이론체계를 가지고 있는데, 그 이론을 보면 수리오행, 발음오행, 자원오행, 삼원오행, 원형이정, 팔괘론 등이 있다. 이러한 이론을 적용하여 지어진 이름일지라도 제일 중요한 핵심은 그 이름에 그 사람의 선천 운기인 사주명국의 용신오행이 들어가 있는 이름이라야 훌륭한 이름이 될 수 있다. 그 검증방법으로서 오-링 테스트로 판별이 가능하다.

오-링 테스트를 하는 요령은 백지 위에 한자로 성명 세 글자를 써놓고, 이름의 주인인 당사자는 이름의 세 글자를 보면서 오-링의 힘을 강하게 하기 위해 엄지와 검지를 힘있게 민다. 다른 한 사람은 피시험자의 오-링을 양손으로 힘주어 벌린다. 이렇게 함으로써 그 이름에 대한 오-링의 힘을 측정할 수 있다.

 일반적으로 이름에 들어가는 글자를 선택할 때 좋은 뜻이 있는 한자를 쓰는데, 한 사람의 장래가 잘되기를 바라는 심정에서 우러나오는 극히 자연스러운 현상으로 볼 수 있다. 그러나 그러한 이름일수록 거개의 경우 오-링 테스트를 해 보면 전혀 에너지가 나오지 않아 오-링이 힘없이 벌어지는데 이에 당사자도 스스로 놀라게 된다.
 성명학 이론에 능통하고 나아가 명리학 이론에 정통하지 않고서는 함부로 이름을 지을 수 없는 이유이다. 결과적으로 명(命)에 밝아야 훌륭한 명(名)이 뒤따르게 됨이다.
 훌륭한 이름은 오-링 테스트를 하면 강력한 에너지가 나오므로 오-링이 강하여 여간해서는 벌어지지 않는다. 그만큼 이름의 주인공은 강력한 운기를 갖게 됨으로써 운세가 강하게 발현된다.
 이름이 한 사람에게 이렇게 중대한 영향을 주는 만큼, 아래에 성명학에 대한 핵심 이론을 개략적으로 상술하고자 한다.

- **원(元), 형(亨), 이(利), 정(貞)으로 대별되는 합성수의 특성**

 피타고라스는 일찍이 '수는 우주의 대원인'이라 하였으며 주역은 상(象)과 수(數)로서 상징되듯이 수는 1부터 9까지의 기본수의 개념과 1부터 81획까지의 합성수의 영적 유도력을 심도 있게 해득해야 한다. 원격, 형격, 이격, 정격 네 격이 모두 길해야 하지만 특히 형격과 정격은 반드시 잘 갖추어져야 성공된 삶을 기약할 수 있다.

• 발음오행의 상생상극과 청탁 및 음의 고저

성명은 소리를 지니게 되는데 가급적 소리가 청하고 맑아야 하며, 편하고 안정되어 있어야 듣는 사람이 쉽고 자연스럽게 기억할 수 있다. 거칠거나 탁한 소리는 피해야 한다. 오행이 상극이 되거나 자음접변 현상이 있을 경우가 이에 해당된다.

• 팔괘성명의 길흉

정격의 합성수를 8로 나누어 상괘를 만들고, 원격의 합성수를 8로 나누어 하괘를 만든다. 64괘를 산출하여 한 사람의 본명괘를 살펴봄으로써 그 사람의 성격, 운세, 사회운 등을 보는데, 주역의 64괘와는 달리 해석하는 성명학 고유의 해석이 있다. 그러므로 가급적 훌륭한 본명괘를 갖도록 작명이 이루어져야 한다. 이름을 분석하여 10년 운, 매년 운, 매월 운을 행운별로 살펴볼 수 있다.

• 자원오행

한자는 상형문자로서 뜻이 있는데, 글자마다 오행으로 구분된다. 수리도 중요하지만 이름의 주인공인 선천 운기의 용신과 일치해야 훌륭한 이름이 만들어진다.

자원오행을 예로 들면 梗(목 오행), 炅(화 오행), 境(토 오행), 鏡(금 오행), 涇(수 오행)의 경우, 모두 '경' 발음으로 똑같지만 자원오행이 다르고 수리 획수가 다르므로 사람마다 용신오행에 따라 맞는 글자를 선택하여 이름을 지어야 한다.

▶ 사례

壬 丙 己 甲 (坤)
辰 子 巳 辰

송미녀(宋美女)를 송민옥(宋玟沃)으로 개명했다. 위 사주는 丙火 일간이 巳月에 태어나 신왕한 명국으로서 재관을 용신으로 한다. 관성인 水는 왕성하나 재성인 金이 巳 중에 암장되어 있으나 심히 약하다.

개명한 글자를 분석하면 '玟'은 자원오행이 金에 해당되고, '沃'은 자원오행이 水에 속한다. 본명은 정격 획수가 19획으로 대흉인 데다 사주용신이 전무하여 심히 불길하며, 재운, 직업운, 부부운, 자식운 모두 대흉이다. 선천 사주는 신왕한 명국으로 관인격을 이루어 운세가 좋으면 권세가 혁혁하여 명진사해하는 격인데, 이름이 좋지 않은 경우이다.

개명한 이름은 용신오행이 두루 갖춰진 데다 형격과 정격이 대길하여 성공하지 않을 수 없고 대길 사주에 대길 성명인 경우에 해당한다. 개명한 이후로 운세가 열려 상승일로에 있으며 재운도 왕성해져서 상가 건물을 구입하여 본인의 사무실로 사용하고 있는, 광주에서 이름난 미녀 철학원 원장이다.

철학 상담에 뜻을 두고 다년간 명리, 기문, 풍수, 성명학을 연구한 분으로서 필자가 조선대학교 평생교육원에서 강의할 당시 수강하였으며 고객 상담으로 정평이 있는 유명인사이다.

▶ 사례

丁 癸 戊 丙 (乾)
巳 丑 戌 申

이강근(李江根)을 이원제(李沅帝)로 개명했다. 위 사주는 신약한 명국으로 金水를 용신으로 한다.

본 이름을 분석하면 형격이 극히 불길하고 이름에 木 기운이 왕성하여 신약한 명국에 설기가 심하여 흉명에 속한다. 개명한 이름은 원, 형, 이, 정 네 격이 모두 양호하고 사주용신인 金水를 자원오행에서 강하게 도와주고 있다. 개명한 이후로 대발전을 거듭하여 현재는 신축사옥까지 갖고 있는 사업가이다.

개명 전에는 불운의 연속으로 능력 있는 사람으로서 주위를 안타깝게 했던 분이다.

체질을 강화시켜주는 개운반지의 중요성

일반적으로 사람의 손가락을 오행별, 오장육부별로 구분할 때,
첫 번째 손가락은 木기를 나타내고 간, 담을 관장하며
두 번째 손가락은 火기를 나타내고 심, 소장을 관장하며
세 번째 손가락은 土기를 나타내고 비, 위장을 관장하며
네 번째 손가락은 金기를 나타내고 폐, 대장을 관장하며
다섯 번째 손가락은 水기를 나타내고 신장, 방광을 관장한다.

사주명국을 보아 용신에 해당되는 손가락에 금반지를 차면 오-링의 힘이 강하게 나타나는데, 이러한 현상은 당사자의 체질 운기를 조절하여 줌으로써 나타나는 극히 자연스러운 신체적 반응이다.

다시 말하여 사주의 선천 오행 기운이 우리 몸에 그대로 반영되어 있다고 볼 때 용신에 해당되는 운세가 오면 매사가 여의하고 건강하며 성공적인 삶이 열리듯이, 선천 명국의 운기는 평생 불변하지만 평소에 용

신에 해당되는 금반지를 항상 차고 있음으로 건강상·운세상으로 운기를 강화시켜 적극적인 삶을 개척해 나갈 수 있다.

사람은 타고난 운기에 의해 체질적인 증상(證狀)을 누구나 갖게 되는데 이 증상이 악화되었을 때 병증(病症)으로 이어지게 된다. 그러므로 개운반지에 의해 체질상의 허약한 운기를 보충해 줌으로써 중화의 기운을 얻게 되어 신체적으로, 정신적으로 건강한 삶을 영위해 나갈 수 있다고 보아야 한다.

사주명국이 태왕한 명국은 왕성한 오행을 설기시켜주면서 용신오행은 강화시켜주어야 하기 때문에 왕성한 오행에 해당되는 손가락에는 은반지를, 용신에 해당되는 손가락에는 금반지를 동시에 해야 하는 경우도 있다. 참고로 금은 기를 보(補)하여 주고, 은은 기를 사(瀉)하여 주는 기능이 있기 때문이다.

▶ 사례

丁 乙 丁 丁 (坤)
丑 巳 未 亥

한장순(韓章純)을 한장순(韓藏醇)으로 개명했다. 乙 일간이 여름에 태어나 火가 태왕한 명국으로 金水를 용신으로 한다. 본래 이름은 수리 획수가 매우 불리하다. 자원오행도 불리하다.

개명한 이름은 원, 형, 이, 정이 양호하고 자원오행상으로 용신을 도와주고 있다.

왼손 두 번째 손가락에 은반지를 차고 네 번째 손가락과 다섯 번째 손가락에 금반지를 차게 됨으로써, 원래 몸에 열이 많아 평생 동안 한방과 양방으로 갖은 방법을 다해도 온갖 고생을 다했지만 지금은 최상의 컨디션을 유지하고 있다.

필자가 목포대학교 평생교육원에서 강의할 당시 교직에 몸담으면서 수강을 하셨던 분으로, 의학 분야에 조예가 깊으신데 현재는 서울에서 수많은 사람들에게 개운반지를 홍보하면서 무료 시술 활동을 왕성하게 하고 계신다.

▶ 사례

甲 丙 丁 丁 (乾)
午 申 未 未

丙 일간이 여름에 태어나 심히 화왕한 명국으로 金水 기운이 시급하다.
현직 영어교사로서 심장병이 있고 호흡곤란 등이 증세가 심하다.
다섯 번째 손가락에 금반지를, 두 번째 손가락에 은반지를 차게 됨으로써 건강상 큰 무리 없이 생활하고 있다.

제4장

◆

실재인물 감정편

역사적인 인물 감정편

(1) 정주영(1915년 10월 19일 표시)

丁 庚 丁 乙 (乾)
丑 申 亥 卯

76 66 56 46 36 26 16 6
己 庚 辛 壬 癸 甲 乙 丙
卯 辰 巳 午 未 申 酉 戌

① 庚金이 일지 申金에 통근(通根)하고 시지 丑土에 득생(得生)하니 신왕 사주이다.

② 신왕 사주는 재성과 관성이 용신인데 년간 乙木 정재가 년지 卯木에 통근하니 재성이 강하게 자리 잡고 있으며, 시간 정관 丁火와 월간 정관 丁火가 바로 밑 지지에서 통근이나 득생은 못하였으나 재성이 생

조하고 있으니 이것을 일컬어 재왕생관(財旺生官)한다고 하여 가히 쓸 수 있다.

사주원국에서 재관이 강하게 자리 잡고 있으니 대운만 양호하면 능히 부귀공명할 수 있는 사주이다.

③ 월지 亥水가 식신에 해당하는데 식신이 생재하면서 亥卯합하니 재성이 더욱 강해졌다. 丁火 관성이 두 개가 천간에 투출하나 재성의 힘만 못하니 결국은 사업가로서 성공하게 된다.

④ 庚金이 亥월에 태어나서 사주가 한랭하니 조후법상 火를 필요로 한다. 억부법이나 조후법으로 火를 용신으로 하고 木을 희신으로 한다. 이렇게 억부법과 조후법으로 용신이 같을 때 대운이 용신운에 들어오면 가공할 대성공을 하게 된다.

⑤ 대운을 살펴보면 丙戌, 乙酉, 甲申, 30년 운은 庚金 신왕 사주에 서방운 申酉戌운은 흉신에 해당되니 부모복이 없으면서 학업운도 약하였으며 고생이 이루 말할 수 없다.

천간에 甲, 乙, 丙 용신이 들어오나 대운은 지지를 중요하게 보기 때문이고, 甲乙丙 천간은 각 지지에서 墓, 絶이 되니 전혀 통근과 득생을 못하여 큰 힘을 발휘하지 못하게 된다.

36세부터 40세까지 해당되는 癸水 상관운은 사주상에 정관 丁火를 극하니 결정적 실패가 있게 되는데 이 대운에 해당하는 세운을 살펴보면 36세부터 庚寅, 辛卯, 壬辰, 癸巳, 甲午에 해당된다.

38, 39세가 壬辰, 癸巳 운으로 대운 癸水인 상관 흉신과 겹치므로 가장 나쁘다. 허나 甲午 세운은 대운은 약하나 용신에 해당되니 지난 4년간의 수렁 속에서 재기하는 대전기를 맞이하게 된다.

41세 이후 未土 대운은 신왕 사주에 土가 흉신에 해당되나, 未土는 조토(燥土)로 조후가 될 뿐만 아니라 亥卯未 삼합목국을 형성하니 일간에서 보아 재국(財局)에 해당되고, 남방 火운 巳午未 용신 대운에 들어서니 고기가 물을 얻는 격으로 모름지기 대성공의 문턱에 들어서게 되는 것이다. 그리하여 巳午未 30년에 국내 굴지의 대재벌로서의 기틀을 반석 위에 올려놓았다.

66세 이후 10년간의 庚辰 대운은 土金 흉신에 辰土는 습토이므로 큰 발전은 기대할 수 없으며, 오히려 대흉의 나쁜 기운이 도사리고 있으므로 신중을 기해야 한다. 이러한 경우 10년간의 세운을 살펴보면 어느 해 어느 달에 그러한 불행한 사건이 발생할지를 예측할 수 있다.

세운을 살펴보니 66세, 67세의 운은 庚申년, 辛酉년에 해당되어 비견, 겁재가 천간지지로 들어오니 2년간은 대운과 세운에서 흉신에 해당되므로 재산상의 큰 손실을 당할 수밖에 없다.

또한 68, 69세의 운은 壬戌, 癸亥운으로 용신 火를 극하는 식상성운에 해당하니 관재수가 발동되어 하늘이 외면을 하는 격이니 속수무책의 처지에 놓이게 된다.

그러나 72, 73세의 丙寅년, 丁卯년은 木火 용신에 해당되니 기사회생(起死回生)하여 안정을 찾게 되는 것이다.

76세 이후 己土 대운은 己土가 원래 음토(陰土)로서 이 사주에는 흉신에 해당되니 육신법으로 인성에 해당되나 흉신이므로 나쁜 문서를 받게 될 운이다.

78세 壬申년 壬子월은 흉신인 水가 申子 수국(水局)을 하고 壬水가 사주용신인 丁火를 합(合)하여 흉(凶)으로 화하니 대통령 선거에 출마하여 고배를 마시게 되었다. 관성이 용신에 해당되는데 이러한 운에는 용신 관성을 극하는 흉신인 水가 년운과 월운에서 강하게 발동하므로 대몰락을 하게 된 것이다.

79세 癸酉년은 상관운으로서 관성인 丁火를 극하니 대통령 선거에 출마하기 위하여 만든 국민당을 해체하게 되었다.

81세 이후 卯 대운은 용신에 해당되는 재성이 지지에서 강하게 들어오니 사업에 강한 의욕을 갖고 대발전을 하게 된다.

⑥ 사주원국에서 재성이 관성보다 강하여 경제대통령은 될 수 있으나 관성을 위주로 써야 하는 일국의 대통령이 되기에는 역부족이며, 대운이 관성이 강하게 통근하는 남방 火운이 이미 지났기 때문이기도 하다.

⑦ 신살은 사주의 격국과 용신의 판단 및 운세에는 전혀 영향을 미치지 못하나 년지 卯가 장성에 해당되고 일지 申과 월지 亥가 지살에 해당되어 국내뿐만 아니라 국외로 종횡무진하면서 대사업을 하는 데에는 음양으로 작용했을 것으로 본다.

⑧ 庚申 일주이니 성품이 강인하고 결단성이 뛰어나며 亥월은 水에 해당되니 지혜가 깊고 지구력이 무한하며 정재, 정관이 용신에 해당되기 때문에 공명정대한 군자 성품에 근면 성실하다고 할 것이다.

⑨ 신왕 사주에 겁재운은 아주 나쁘다. 이 사주로는 辛金에 해당된다.

辛丑년 辛未월은 겁재가 아주 왕성하다. 이 운에 수천억의 세금을 추징당했다. 辛酉년에도 국보위 통합정책으로 인해 엄청난 손실을 당하였다.

그러나 그룹의 존망에 타격을 당할 정도는 되지 않았는데, 그 원인은 이 사주가 사주 자체 내에 신왕 사주이지만 겁재가 없을 뿐만 아니라 월간과 시간에서 丁火 정관이 辛金 겁재운을 극하여 자신의 재물을 보호하는 역할을 하고 있기 때문이다.

정관이 사주에 있다 하여 겁재운이 무사하다고 판단해서는 안 된다. 재물의 손실을 최대한 방어한다고 생각해야 한다. 명리학 서적을 아무리 많이 탐독해도 임상에 오판이 많은 이유는 단편적이지만 이론을 그대로 적용시키기 때문이다.

이 사주의 경우 식상성운이 들어와도 년주에 재성이 강하게 있으므로 식상생재하여 관성을 생해주므로 별 상관이 없다고 보는 사람도 많을 것이다. 이러한 식으로 사주감정을 하면 결국엔 오리무중에 빠지게 됨을 유념해야 한다.

요컨대 사주판단의 책임은 용신과 흉신을 냉정하게 구분하여 용신운에는 발전하고 흉신운에는 쇠락하게 된다는 점을 명확하게 하여야 한다. 다만 그 정도의 차이를 사주명식 구조에서 참고로 하여야 한다.

(2) 조중훈(1920년 2월 11일 寅시)

壬 丁 己 庚 (乾)
寅 亥 卯 申

72 62 52 42 32 22 12 2
丁 丙 乙 甲 癸 壬 辛 庚
亥 戌 酉 申 未 午 巳 辰

① 丁火 일간이 卯월에 태어나 월지에서 득생하고 시지 寅에서 득생하니 신왕 사주이다. 일지 亥수가 亥卯 반합하여 목국을 이루고, 시지 寅과 寅亥 지합하여 또 목이 왕해지니 木월이지만 木이 더욱 강해진 형국이며, 더불어 일간 丁火 또한 더욱 신왕하게 되었다.

② 신왕 사주는 힘이 넘치는 격이므로 일간이 극하는 재성과 일간을 극하는 재성을 능히 감당할 수 있다. 이것이 생극제화의 법칙에 의해서 중화를 이루는 이치인 것이다.

그리하여 이 사주는 재관을 용신으로 해야 하는데 사주원국을 살펴보니 庚金 정재가 지지에서 申金에 통근하여 강력하게 자리 잡고 있으며, 壬수 정관이 일지 亥水에 통근하여 또한 강하다.

이렇게 용신에 해당하는 재관이 사주 자체 내에 강하니 용신운을 만나게 되면 능히 부귀를 득하게 된다. 재성이 용신으로 년주에서 강하게 통근하고 있으므로 일찍부터 재성에 해당하는 사업 쪽으로 진출하게 된다. 이 사주는 재성이 관성보다 더 강하므로 역시 사업이 더 적격이다.

일간 丁화가 화생토하고, 토생금하며, 금생수하고 수생목하여 다시 목생화하여 오행이 두루두루 상생도 하니 생생불식(生生不息)이라 하여 더욱 사주가 아름답게 되었다.

이런 사주처럼 월지가 인성에 해당되어 신왕 사주가 된 사주는 재관이 용신이 되지만 관성보다는 재성이 훨씬 중요한 용신으로 쓰이게 되는데, 월지는 흉신에 해당되기 때문이다. 또 하나의 이유는 재성은 강한 월지인 흉신을 극하므로 사주 전체의 중화를 가져오기 때문이다. 그래서 이 사주의 경우는 관성인 水보다는 재성인 金을 더욱 중요하게 여기는 것이다.

③ 신왕 사주에 식신이 생재하는 사주명국은 대운이 용신으로 향하면 필히 부자가 되는데 이처럼 재성이 강하게 자리 잡은 사주는 가히 재벌급이 된다.

④ 이 사주는 경칩이 지난봄에 태어나고 일간이 丁火에 해당되므로 조후법이 적용되지 않는다. 또한 월지가 인성에 해당되어 신왕 사주가 된 경우로서 관성보다는 재성을 더욱 중요시하므로 土의 경우에도 정관을 극하는 상관 아닌 식신운은 재성을 생하므로 쓸 수 있다.

⑤ 대운을 살펴보면 초년 巳午未 남방운은 흉신이므로 약하고 申酉戌 서방운이 재성이 통근하므로 인생 최고의 대성공 시기에 해당된다.

77세 이후 亥대운은 용신 관성운이나 亥水 사주원국에 卯木을 생해주어 木을 더욱 강하게 해주므로 반길반흉(半吉半凶)이다.

79세 戊寅년은 戊土 상관이 시간에 壬水 정관을 극하는 데다 년지 寅이 신왕 사주인 일간 丁火를 생해주어 흉한 해에 해당된다. 또한 용신인 년지 申金을 寅申 형충(刑冲)하니 매사에 주의해야 한다.

⑥ 일지 亥와 년지 申이 지살에 해당되고, 시지 寅이 역마에 해당되니 한시도 쉴 틈 없이 바삐 움직이는 형국이 되므로 항공업에 진출하게 된 것도 그런 연유 중에 하나로 사료된다.

⑦ 丁火 일간이 편인월에 태어나 신왕하므로 조용하면서도 끓어오르는 정열이 끊이지 않고 외골수적인 면이 다소 강하고, 정관과 정재가 용신이므로 공명정대하고 확실한 군자 인품에 담백한 성품이나 지살과 역마가 중중(重重)하므로 매우 부지런하고 한곳에 머무는 것보다는 자주 환경을 옮기는 경우가 많을 것으로 판단된다.

⑧ 거개의 경우 丁火는 丙火에 비하여 음(陰)에 해당되고 조그마한 촛

불에 비유하여 丁火 일생이 寅卯월인 봄에 태어나면 신약 사주로 판단하는 경우를 많이 보는데 어디까지나 사주 전체를 보아야 하고, 이러한 경우는 丙火 일생이 가을이나 겨울에 태어난 경우에 비하여 훨씬 火의 위력이 강하다는 것을 알아야 한다.

상기 사주의 경우 신약 사주로 판단한다면 서방 金운에 재벌은커녕 실패의 연속이 되었을 것이니 모름지기 신왕신약의 판단이 얼마나 중요한지 새삼스럽게 통감하지 않을 수 없다.

(3) 태완선(1915년 1월 20일 寅시)

戊 乙 戊 乙 (乾)
寅 未 寅 卯

69 59 49 39 29 19 9
辛 壬 癸 甲 乙 丙 丁
未 申 酉 戌 亥 子 丑

① 乙木이 寅월에 태어나서 년지와 시지에 통근하니 태왕한 신왕 사주이다.

② 신왕 사주는 재관이 용신인데, 戊土 재성이 월간과 시간에 투출하여 일지 未土에 통근하니 재성은 강하나 관성에 해당하는 金은 없어 재를 써야 하며 나아갈 길은 기업과 금융계통이다.

③ 입춘이 지난 지 한 달여가 지나고 일지 未土에 丁火, 월지, 시지 寅

木에 丙火가 암장되어 있어 조후는 필요 없으므로 재관을 그대로 용신으로 쓴다.

④ 대운을 살펴보면 40세 이전은 북방 水운에 해당되니 흉신에 해당되어 부모복과 가정운이 불행하였을 것으로 사료된다. 41세 이후 土金운이 들어오면서 대성공의 기틀이 잡히기 시작하는데 申酉 대운에 관운이 들어오니 이 운(運)에 경제총리를 하게 되었다.

이 사주가 사주원국에 관성이 없으나 관운이 충천할 수 있었던 것은, 이 사주 특징이 비견, 겁재가 너무 많아 재성을 서로 쟁취하려고 다투는 것인데 이러한 때에는 관성이 대운에서 들어오니 비겁을 제압하여 그야말로 하늘이 도우는 격이 되어 한 나라의 재정을 총괄하는 경제총리가 된 것이다.

⑤ 사주원국에 식신이나 상관이 있었다면 왕성한 비겁을 식상성이 통관시켜 관직보다는 기업 쪽으로 진출하여 대사업가가 될 수도 있었을 것이다.

신왕 사주로서 식신, 상관이 없고 재는 왕(旺)하나 관성이 약한 사주의 경우는 금융 계통이나 재무관료 쪽이 많으며 순수한 기업가는 보기 드물다. 설사 부자가 되었다 하더라도 투기업이나 부동산업, 증권업 등 일시적인 횡재 등으로 인한 경우가 많음을 알 수 있다.

상기 사주의 경우 가장 나쁜 운은 사주 자체에서 비겁이 쟁재하고 있는데 대운이나 세운에서 겁재에 해당하는 木운이 들어올 때 치명적인 손재를 가져온다.

또 이 사주는 사주 전체가 木과 土 두 가지 오행으로 이루어졌으나 신왕 사주로 재관을 용신으로 하기 때문에 金대운에 성공할 수 있었던 것이다. 만약에 신약 사주에 해당되었다면 대실패는 물론이거니와 수명을 보존키 어려웠을 것이다. 혹자는 이런 사주의 경우 양신성상격이라 하여 무조건 대부대귀한다고 할 것이나 어디까지나 사주 구조를 분석하고 대운을 판단해야 할 것이다.

⑥ 木 일간이 木월에 태어나 대쪽 같은 성품이고 어질고 인자한 성품이었을 것이며 乙木 일간이므로 유연성도 구비한 합리적인 성품이었을 것으로 사료된다.

(4) 이성계

甲 己 癸 乙 (乾)
子 未 未 亥

丙 丁 戊 己 庚 辛 壬
子 丑 寅 卯 辰 巳 午

① 己土 일간이 未월에 태어나고 일지에 未土가 또 있으니 신왕 사주이다.

② 신왕 사주는 재관을 용신으로 하는데 년지, 시지에 亥, 子 수가 있고 년간, 시간에 乙 편관, 甲 편관이 투출되어 바로 밑 지지에서 水生木으로 득생을 받으니 재관이 견고하다. 재왕생관하고 관(官)이 투출되어 재(財)로부터 生을 받으니 나아갈 길은 관직과 명예 쪽이다.

③ 未월은 조토(燥土)로서 未土가 일지에 겹쳐 있으니 조후가 필요한

데 亥, 子, 水가 양쪽에서 도우니 가히 윤토(潤土)로 변하여 甲, 乙木 관성이 자라는 데 안성맞춤이다. 억부법으로나 조후법으로나 水木 재관이 용신에 해당되니 대운을 만나면 능히 대귀할 수 있다.

④ 년간에 편관이 년지에서 득생하여 견고하니 일찍이 무관으로 출세하여 북쪽 오랑캐와 남쪽 왜구를 무찔러 무공(武功)이 천하를 진동했으며, 시간에 정관이 시지에서 득생하여 견고하니 종국에 가서는 정관의 최고격인 군왕의 자리에 나아간 것이다.

⑤ 이 사주가 亥未 반합하여 목국(木局)이 되어 용신인 관성이 강해지는데 반합이 두 번 이루니 그만큼 길하게 작용한다. 삼합(三合)이 사주 내에서 이루어지는 사람은 참으로 드문데 이러한 삼합이 사주 내에서 용신에 해당되는 사람은 조직에 대한 관리능력이 뛰어나고 많은 사람이 그를 따르게 된다. 고려 말에 개국공신들에 의해 군왕으로 추대된 것도 이러한 작용이 미쳤을 것으로 사료된다.

⑥ 대운을 살펴보면 중·말년에 亥子丑, 寅卯辰 水木운이 들어오니 용신 재관(財官)운인 천운이 들어와 일국의 개국시조가 될 수 있었다.

⑦ 己未 일주는 子, 丑이 공망(空亡)인데 이 사주는 시지 子가 공망에 해당되고 육신으로는 첩에 해당되니 말년에 후비인 강씨의 자식들을 총애하여 세자에 앉히게 됨으로써 후일 왕자의 난을 유발케 되었다고 보며, 결국은 허망지사가 되었음을 역사가 말해주고 있다. 그리하여 말년에는 쓸쓸하게 보내게 되었으니 비록 시지 子水가 용신에 해당된다고 하나 공망의 위력은 대단하다고 할 것이다.

또한 이 사주는 일지 未土와 월지 未土가 화개에 해당되는데 조선 개국 초기 국가 정책상 불교를 억압했으나 무학대사를 국사로 모시고 전국의 명산을 찾아다니면서 기도를 하고 말년에는 유명 사찰을 편력하였던 것도 이 때문으로 사료된다. 화개는 일명 승려의 별, 신앙의 별, 고독의 별, 문학의 별이라고도 한다. 신앙심이 깊고 고결한 성품에 조용한 곳을 좋아한다.

⑧ 土 일간으로서 土월에 태어나 믿음이 강하고 고집이 세며 사주에 편관이 강하니 무관의 기질이 농후하고 정관이 또한 길하니 공사에 분명하고 군왕의 위풍이 당당하였을 것으로 판단된다.

(5) 김일성(1912년 4월 15일 酉시)

己 丁 乙 壬 (乾)
酉 未 巳 子
72 62 52 42 32 22 12 2
癸 壬 辛 庚 己 戊 丁 丙
丑 子 亥 戌 酉 申 未 午

① 丁火 일간이 巳월에 태어나고 월간에 인성이 생하니 신왕 사주이다.
② 신왕 사주는 재관이 용신이므로 金水가 용신에 해당되는데 년간에 壬水 정관이 子水에 통근되어 있고 시지에 酉金 재성이 있으니 재관이 사주원국에 강하나 관성이 재성보다 강하여 나아갈 길은 관직이요, 명예 쪽이다.

어떠한 사주든 용신이 년주에서 강하게 자리 잡고 있으면 일찍부터 출세하여 두각을 나타내는데 이러한 경우는 정관이 통근하여 용신에 해당되니 대귀할 사주라는 걸 한눈에 알아볼 수 있다. 다만, 어느 때에 일어설 것인가 하는 것은 대운을 보고 판단해야 한다.

③ 丁火 일간이 巳월에 태어나 조후가 절대적으로 필요한 사주에 속한다. 조후 용신인 水가 정관으로서 강하게 자리 잡고 있으니 억부법으로나 조후법으로나 용신은 水에 해당되고 희신은 金 재성이다.

또한 이 사주는 년간 壬水가 월간 乙木을 생하고 월간 乙木이 일간 丁火를 생하며 일간 丁火는 시간 己土를 생하고 시간 己土는 시지 酉金을 생한다. 이러한 경우를 연주격(聯珠格)이라 하는데 사람됨이 총명하고 운세가 좋을 때는 의외일 정도로 잘 풀리고 설사 나쁜 운이 오더라도 최악의 재난을 피해가는 수가 많다.

물론 중요한 것은 사주격국이 좋아야 한다. 일반인의 사주도 이러한 경우가 간혹 있는데 연주격이라 하여 무조건 좋다고 판단하는 것은 금물이다. 많은 사람들이 격국론을 잘못 이해하여 모든 사주를 격국에 맞추려고 노력하는데, 출발부터가 잘못된 것임을 알아야 한다.

④ 초년대운 火운에는 흉신에 해당되어 부모복과 학업운이 부족하고 酉대운부터 대발하였는데 戊申, 乙酉, 庚戌운에 金대운이 희신에 해당되지만 강력한 1인자가 되기에는 역부족인 만큼, 수많은 정적들을 권모술수와 숙청으로 제거하며 자신도 위험한 고비를 많이 넘겼으리라 생각된다.

본인의 운이 약했던 만큼 공산주의 강대국인 소련과 중국의 강력한 후원이 필요했을 것이다. 辛亥, 壬子, 癸丑운에 들어가서야 강력한 통치자로서의 지위를 확고히 했을 것으로 본다. 水관성이 용신에 해당되는데 水대운에 통근하니 그렇게 해석하는 것이다.

82세 이후 甲寅대운은 최악의 흉운이다. 丁火 일간이 火월에 태어나 조후가 시급한 사주에 천간지지로 木운이 들어오니 불난 집에 부채질하는 격이다. 火는 심장에 해당되니 끓어오르는 열기를 감당 못하고 심장마비로 급사하게 된 것이다. 그것도 83세인 甲戌년 여름이었으니 甲木이 기승을 부리고 戌土는 조토(燥土)이니 용신인 水를 극하여 여름은 火旺絶이니 흉신이 극성을 부리게 된 까닭이다.

이 사주의 대운의 특징이 용신과 흉신이 너무 극단적으로 연달아 들어오는 것인데 용신인 대운이 끝나고 흉신인 대운에 들어서면 세운도 정확히 보아야지만 갑작스런 사고나 질병으로 최악의 경우로써 수명을 다하게 되는 경우가 많다.

⑤ 이 사주의 壬水 정관이 용신으로서 북한의 최고통치자를 지니게 된 것도 水는 원래 북쪽을 의미하게 되기 때문이기도 하다. 호시탐탐 적화야욕을 꿈꾸었으나 오행상으로 역부족에 해당된다.

원래 한반도는 오행상으로 木에 해당된다. 그러므로 태조 이성계는 木이 관성에 해당되고 또한 년간에 강력하게 관성에 해당되었기 때문에 개국시조가 가능했을 것으로 본다.

⑥ 년지 子水가 장성에 해당되는데 관성에 장성이 붙고 용신에 해당되며 격국이 좋으면 관(官)운에 길하다.

월주 乙巳, 일주 丁未, 시주 己酉가 모두 동순에 해당되는데 조직에 대한 응집력이 이러한 데서도 연유했을 것으로 사료된다.

火일간으로서 火월에 태어나 성품은 불같으나 금방 진정되고 잠시도 가만히 있질 못하고 유동성이 강하며 달변이었을 것이다.

火일간으로서 신왕 사주인 경우 일반적으로 성질이 급하고 활동적이며 말이 많고 달변이며 마음을 바꿔 먹을 때는 식은 죽 먹는 듯하는 경우가 있다.

(6) 고종

己 癸 己 壬 (乾)
未 酉 酉 子

丙 乙 甲 癸 壬 辛 庚
辰 卯 寅 丑 子 亥 戌

① 癸 일간이 인성월에 태어나고 일지에 또 인성이 있으며 년주가 壬水이니 신왕 사주이다.

② 신왕 사주는 재관이 용신이므로 이 사주는 火土에 해당된다. 시간에 己土가 未土에 통근되어 강하니 관왕신왕(官旺身旺)으로 권력고관이 될 수 있다.

가을에 태어나서 백로가 지나니 水 일간에 사주가 한랭한데 겨울 태생은 아니지만 사주 전체가 金水가 왕하여 조후가 필요하다. 다행히 시지 未土가 조토(燥土)로서 그나마 조후를 해주니 다행이다. 관(官)은 왕하고 재(財)는 약하니 나아갈 길은 관직이다.

③ 대운을 살펴보면 초년 대운에 戌土 정관운이 따뜻한 土로서 사주에 최고의 길신이 되니 당시 조선왕실에 후계자가 없어 뜻하지 않게 하

늘의 도움을 받아 임금의 자리에 앉게 된다. 그 후 대운이 辛亥, 壬子, 癸丑운으로 삼십 년간 북방 水운이 들어오니 사주상으로는 흉신에 해당된다. 그러니 어찌 군왕의 자리를 튼튼하게 유지할 수 있겠는가? 허수아비 임금으로 부친 대원군의 호령 하나에 왕권이 좌지우지됐으니 참으로 기가 막힐 운이다.

그 후 木대운도 사주원국에 용신인 관성을 극하니 대흉운에 해당되니 결국은 조선 말기의 국운 쇠퇴기에 속수무책일 수밖에 없다.

일국의 군왕 운세가 이러하니 나라 정세가 어떻게 혼란을 면할 수 있겠는가. 이 사주의 대운이 남방 火운으로 달렸다면 강력한 군왕이 됐을 것이다. 사주불여대운(四柱不如大運)이라 대운의 막강함을 실감하지 않을 수 없다. 많은 사람들이 사주만을 보고서 모든 것을 단정 짓듯 쉽게 판단하는데, 참으로 삼갈 일이다.

④ 처복이 좋으려면 일지에 정재가 있어 용신이거나 일지가 용신에 해당되거나 재성이 사주에서 용신이 되어야 하는데, 이 사주는 일지 酉金이 신왕 사주에 흉신이 되고 시지 未 중에 丁火가 용신이 되나 너무 미약하고 대운마저 최악의 흉신으로 달리니, 왕비 민씨와 부친 대원군 간의 추악한 권력투쟁으로 얼룩진 파란 많은 삶을 보낸 것이다.

⑤ 년지 子水가 장성에 해당되고, 월지와 일지 酉金이 장성에 해당되며 편관이 강하게 통근하고 인성이 있으니 소위 살인격이라 하여 무인(武人)의 기질이 강하다고 판단하는데, 너무 어린 나이에 군왕의 지위에 올라 아버지 대원군의 위세에 눌려 주눅이 든 데다 대운마저 불리하여 뜻을 펼 수가 없었으리라 판단된다.

설령 이처럼 대운이 흉한데 자기주장을 관철하려 했다면 아마 군왕의 지위마저 흔들리게 됐으리라 사료된다.

⑥ 癸 일간이 金월에 태어나서 신왕이 되니 금백수청(金白水淸) 사주로서 성품이 깨끗하고 담백하며 학문을 즐겨하고 사주에 장성이 중중하고 편관이 용신이 되니 과묵하면서도 강직한 성품이다. 사주 내에 金水가 왕하고 火가 너무 약한 데다 대운마저 水운으로 향하여 활달한 정열과 진취적인 기상이 부족하고 내성적이며 의기소침하였을 것으로 사료된다.

신왕 사주에 편인이 많으면 우유부단하고 결단성이 없는 게 결정적 흠이다. 눈치는 빨라서 욕심이 많고 변덕이 심할 경우도 있어 상대하기가 곤란한 경우가 많다.

이러한 사주는 사주 내에 재성이 길하게 있고 대운에서 재운이 와야 대발한다. 흉신이 되는 편인을 재성이 강하게 제압하기 때문이다. 상기 사주의 경우 사주 내에 재성이 미약한 데다 대운마저 재운하고는 거리가 머니 악처를 만나서 고전할 수밖에 없는 것이다.

(7) 윤보선

癸 壬 戊 丁 (乾)
卯 寅 申 酉

庚 辛 壬 癸 甲 乙 丙 丁
子 丑 寅 卯 辰 巳 午 未

① 壬 일간이 申월에 태어나고 년지에 酉金이 있으니 신왕 사주이다.

② 신왕 사주는 재관이 용신이므로 火土가 해당되는데 년간 丁火와 월간 戊土는 각각 정재와 편관이 되어 용신이 된다. 그러나 통근이나 득생이 바로 밑에서 되지 않아 강하지 못하여 대운이 용신운이 아니고서는 대귀대부하기에는 사주명국이 역부족이다.

이 사주는 입추절 이후 태어나서 水 일간에 해당되나 사주 내에 木火가 있어 조후가 그렇게 필요한 사주는 아니다. 사주 내에 관성이 약하고 가을철에 태어난 水일간이므로 火는 사주 내에서 중요한 역할을 하게 된다.

③ 초년부터 巳午未 남방 火운이 들어오니 부유한 가문의 자제로 남들은 상상도 할 수 없는 시기에 프랑스 유학을 했으며 세상 부러움 없이 성장했다. 그러나 그 이후의 대운을 보면 중년의 木운은 재성은 생해주지만 관성은 극하니 발전을 기대할 수 없고 말년은 金水 흉신에 해당되니 대권에 도전하는 것은 무망한 일로서 백사가 이루어지지 않는다.

④ 민주당 시절 내각제하의 실권 없는 대통령직을 수행하던 중 내각의 총리와 사사건건 충돌이 잦았으며 본인은 강력한 대통령이 되기를 원했으나 현실은 전혀 따라주지 않다가 5·16 군사혁명으로 하루아침에 권좌에서 물러나게 되었다. 戊土 편관이 용신이 되나 바로 밑에 있는 申金에서 십이운성으로 병(病)이 되고 丁火가 생조하나 대운이 흉신인 金水운으로 향하고 세운마저 辛丑년 흉운에 해당되니 대통령직을 수행하기엔 천운이 너무 약하다.

그 이후 박정희 대통령에 항거하여 재야세력의 상징으로서 재기의 꿈을 키워 왔으나 대운이 약한즉 춘장일몽 격으로 불발에 그치고 말았다.

또한 상대적으로 박정희 대통령의 사주가 가히 군왕사주로서 손색이 없고 대운마저 충천하니 하늘의 뜻에 따라 그 자리를 내줄 수밖에 없었다고 본다. 또한 이 사주가 시주에 癸卯가 겁재, 상관에 해당되는데 시주는 말년의 운세를 보는 데 많은 영향을 끼친다. 물론 대세의 중요한 판단은 대운이 결정하지만 시주도 많은 참고가 된다.

　사주에 재관이 용신에 해당될 경우 시주의 겁재, 상관은 최고의 흉신에 해당된다. 겁재는 재성을 극(剋)하고 상관은 정관을 극하기 때문이다. 특히 상관은 관운에 결정적으로 치명타를 남긴다.

　⑤ 일지, 시지에 寅, 申이 서로 역마와 지살이 중첩되어 일찍부터 외국유학을 다녀오고 식신상관이 있으니 두뇌가 총명하며 편관이 있어 강직한 성품이었을 것으로 사료된다.

　이 사주 역시 金월에 水 일간이 되어 성품이 청하고 고결하였을 것이다.

(8) 송시열

戊 辛 壬 丁(乾)
戌 丑 子 未
甲 乙 丙 丁 戊 己 庚 辛
辰 巳 午 未 申 酉 戌 亥

① 辛金 일간이 子월에 태어나고 월간에 壬水가 투출하니 水가 왕한

사주인데 丑戌未 土가 일간을 생해주고 시간에 戊土가 戌토에 통근하여 강한 왕수(旺水)를 제극하면서 일간을 생해주니 신왕 사주로 본다.

② 이 사주가 겨울 태생에 金 일간이 되어서 한랭한데 년간에 丁火 편관이 년지 未土에 통근되어 조후하고 시지 戌土가 조토(燥土)로서 조후가 되었으나, 사주 자체에 火를 생해주는 木이 없는 데다 丁火는 丙火보다 조후에 약하니 필히 남방 火운이 들어와야 대발하게 되어 있다.

편관이 용신에 해당되니 성격이 편굴성이 있으며 강인하고 사교에는 능하지 못하나 비범하여 난세에 잘 적응한다.

③ 대운을 살펴보면 초년 金대운에는 흉신운에 해당되어 미약하나 중년, 말년에 들어오는 남방 火운은 대발한다. 편관 용신이 남방 火운에 득지하니 막강한 권세를 휘둘렀으며 당대 석학으로서 국내외에 그 이름을 날렸으며 만인의 추앙을 받았다.

金 일간이 水월에 태어나면 학문을 좋아하고 총명지사가 많은 법인데 사주 내에 인성이 많아 학문에 더욱 정진하였다고 본다.

④ 辛 일간이 겨울에 태어나 성품이 차갑고 냉정하며 인성이 많아 까다로운 면이 많으며 상관이 월지에 투출하여 통근하니 총명과인에 자기주장이 강하고 교만, 방자한 경향이 있다. 또한 독선적인 면이 있어 인화에는 다소 부족한 점이 있을 수 있다.

거기다가 일지와 년지가 화개에 해당되어 고결하면서도 조용한 곳을 좋아하니 일반인이 접근하기 어려운 성품의 소유자였을 것으로 사료된다.

사주 내에 丑戌未 삼형이 있어서 자기 자신의 위치가 막강하고 운세가 강할 때는 강한 권력을 행사하지만 대운이 불리할 때는 비참한 종말을 가져올 수 있다. 한때 서인의 거두로서 무소불위의 권력을 자랑했지만, 종국에는 당쟁에 휘말려 사약을 받는 비참한 최후를 맞이하고 말았다.

⑤ 이 사주가 년간 丁火와 월간 壬水가 합하고 있는데, 년간 丁火는 년지 未土가 조토(燥土)가 되어 통근이 되어 있고 월간 壬水는 월지 子水에 통근이 되어 있는데, 그 힘을 비교해 보면 壬水는 월지에 통근하고 있어 丁火라는 뜻이 훨씬 약하다. 丁火는 사주용신인 관성이고 壬水는 관성을 극하는 최고의 흉신에 해당된다.

이 사주가 대발할 수 있었던 것은 남방 火운에 약한 丁火가 통근하여 강해졌기 때문인데 이러한 사주의 경우 반대로 壬水가 강해지는 水운이 들어오면 그 화를 면하기가 어렵게 된다.

대운 甲辰운의 경우 辰대운에 들어오면 월지에 강한 子水가 子辰 반합을 하고 시지의 戌土를 冲하여 지장간에 있는 丁火를 제거하는 데다 연간에 丁火는 火生土하여 辰 습토에 화기를 뺏기니 최악의 흉난을 면하기 어렵게 된다. 이러한 辰대운 중 세운이 金水가 강하게 들어올 때 흉신이 겹치니 결정적으로 위험하게 된다.

(9) 유진오

甲 丁 癸 丙 (乾)
辰 巳 巳 午
壬 辛 庚 己 戊 丁 丙 乙 甲
寅 丑 子 亥 戌 酉 申 未 午

① 丁火 일간이 巳월에 태어나서 일지 巳火, 년지 午火, 년간 丙火, 시간 甲木이 도우니 신왕이 극에 달해 태왕한 신왕 사주에 속한다.

② 신왕 사주는 재관이 용신에 해당되니 金水가 용신이다.

사주 내에 金은 없고 즉 재성은 없다. 월간에 癸水가 시지 辰 습토에 멀리 착근하여 용신으로서의 역할을 하고 있다. 조후법으로도 火 일간이 火월에 태어나서 조열하니 水가 용신에 해당되는데, 억부법으로도 역시 癸水 관성이 용신에 해당된다.

또한 이 사주는 丁火가 신왕 사주로서 비겁이 지나치게 많으니 흉신인 비겁을 제압하는 관성을 필히 용신으로 해야 한다. 이러한 경우를 '비겁(比劫)이 용관(用官)한다'고 한다.

신왕 사주이기 때문에 재성도 용신에 해당되지만 재성의 경우는 왕성한 비겁이 재성을 극하기 때문이다. 이러한 경우는 '비겁(比劫)이 쟁재(爭財)한다'고 하여 흉하게 본다.

③ 사주에 재성은 없고 관성을 용신으로 함으로 필히 관공직과 명예 쪽으로 진출한다. 사업은 절대 금물이다. 또 이러한 사주를 가지고 있는 사람은 금전적 재물에 대하여 담백하고 오로지 명예를 중히 여기는 성품의 소유자가 된다. 火 일간으로서 木火가 많으니 총명하고 밝은 성격의 소유자이며 천재적 두뇌를 발휘한다.

특히 교육, 문학, 예술 방면에서 이름을 날린다. 법학박사로서 대한민국 제헌헌법을 기초하였으며 대학 총장으로서 청렴결백한 인품으로 학계의 인망을 두루 받았다.

④ 말년 북방 水운이 들어오니 癸水 관성이 용신운에서 득지하므로 제1야당의 총재까지 역임하였으나 정권 획득에는 실패하였다.

이 사주는 편관 癸水가 사주 자체 내에서 강력하게 통근 내지 득생을 못하고 간신히 시지 辰土에 착근하였으나 용신대운을 잘 만나서 그나마 그 정도 진출할 수 있었던 것으로 판단된다.

⑤ 丁火가 火월에 태어나 조용한 듯하면서도 폭발적인 성품이 있고 사주에 재물이 전혀 없으니 명예를 대쪽같이 여기는 강직한 성품이다.

이 사주의 시지 辰土가 습토(濕土)로서 왕성한 화기(火氣)를 뿜어내는 출구가 되니, 조후용신도 되어 중용(中用)을 잃지는 않으나 불같은 상관의 성미가 있어 솔직담백하고 불의를 참지 못하는 기백도 강했으리라 본다. 대운이 壬寅운 중 寅운에 들어가면 화왕(火旺)한 사주에 木生火하니 불길이 끓어오르고 약한 水는 고갈되니 수명에 해롭다.

(10) 일본 천황(1933년 11월 7일 卯시)

乙 癸 甲 癸
卯 亥 子 酉
65 55 45 35 25 15 5
丁 戊 己 庚 辛 壬 癸
巳 午 未 申 酉 戌 亥

① 癸 일간이 子월에 태어나고 金水가 많아 태왕 사주이다.

② 신왕 사주로서 재관이 용신이므로 火土가 해당되는데 사주원국에는 용신이 전혀 없다. 그러나 시주에 乙卯 식신이 통근한 데다 월간 甲

木 상관이 왕성한 수기(水氣)를 뿜어내고 있다.

이런 사주처럼 신왕 사주에 식상성이 왕한데 사주에 없는 재성운을 만나면 재기통문(財氣通門)이라 하여 개천에 용 나듯 출세한다.

특히 이 사주는 조후상으로도 火 재성이 절대적으로 필요한데, 대운에서 남방 火운이 들어오고 土운까지 천간지지로 섞어서 들어오니 火土 용신이 이에 해당하는지라 일시에 천황의 자리에 올라 지금껏 부귀를 누리고 있는 것이다.

③ 이 사주는 사주원국에 火土가 없고 대운에서 용신이 강력하게 들어와 천황의 지위에 올라갔듯이, 일본 천황의 자리란 세습제에 의한 상징적 군왕의 자리로서 모든 중요한 국정 전반의 권한은 내각의 총리가 행사하는 점에서 '군림은 하되 통치하지 않는다' 는 형식적 지위에 불과하다.

또한 이 사주를 보면 수목청귀격(水木淸貴格)으로 순수하고 청하여 세속의 부귀와는 거리가 멀다. 오로지 도학(道學)에 전념하는 속세를 등진 청빈한 선비를 연상케 한다. 그러나 부귀를 상징하는 재관운이 들어오니 전혀 외면할 수 없는 노릇이다.

간혹 스님들의 사주를 보는 경우가 있는데 이처럼 신왕 사주에 용신이 약한 경우 운에서 재관운이 들어오면 환속하는 경우가 있거나 스님 신분으로 있더라도 신도들이 많아서 세속인들과의 접촉이 빈번해지는 등 이름이 나고 사찰의 재산이 늘어나는 경우가 많다.

④ 대만의 대명리학자 서낙오(徐樂吾) 씨는 상기 사주를 감정하기를 사주가 癸 일간으로 신왕하고 木에 해당하는 식상성이 왕성하여 왕수(旺水)를 설기하므로 水木으로 종(從)해야 한다고 하여 金水운은 대발하고

왕한 水를 역하는 火土운은 커다란 재난이 닥친다고 자신의 저서 『역대명인 명감』에서 역설했다.

그러나 재난은커녕 火土운에서 오히려 천황의 자리에 나아갔으니 필자가 종왕격 및 종격의 허실을 수차례 걸쳐 증험해 보았으나 운세 및 질병에서 맞지 않는 경우가 허다하였으니 특히 격국론에서 헤어나지 못하는 역학동호인들에게 각별히 이 점을 강조하고자 한다.

사주명리학의 근본원리는 기상학으로서 음양오행의 중화를 핵심으로 하는 것임을 실감하지 않을 수 없다.

(11) 장학량

庚 壬 癸 辛 (乾)
子 子 巳 丑
丁 戊 己 庚 辛 壬
亥 子 丑 寅 卯 辰

① 壬水가 火월에 태어났으나 일지, 시지에 통근하고 천간에서 金水가 도우며 년지도 丑土이니 신왕 사주에 속한다.

② 신왕 사주는 재관이 용신이므로 火土가 해당되는데 월지 巳火와 년지 丑土가 용신이다. 거개의 경우 월지가 관성이나, 재성에 해당될 경우에는 신약 사주가 많게 되는데 이러한 사주는 월지가 바로 용신에 해당되는 경우이니 참고하기 바란다.

③ 이 사주의 주인공 장학량은 중국의 군벌로서 일본이 중국대륙을 침략했을 당시 중국 국민당과 공산당이 내전으로 싸우고 있을 때 중국 국민당의 장개석 주석을 서안에 감금시킨 적이 있는 당시 중국 최대군벌 중의 한 사람이다.

월지 巳火가 지장간에 丙火와 戊土가 있으며 년지 丑土를 생해주니 재왕생관이라고 하여 재관운에는 대발한다.

④ 대운을 살펴보면 己丑, 戊대운 관성운에 용신을 만나 최대권력을 자랑했으나 子대운에 신왕 사주가 다시 신왕운을 만나니 국민당 정권에 의하여 죽임을 당하였다.

壬 일간이 子를 보았을 때 십이운성으로 제왕에 해당되는데, 양 일간이 제왕을 만났을 때는 양인(羊刃)이라 하여 사주 내에 편관이 있으면 장군이 칼을 차고 변방을 지키고 있는 형국이라고 하여 좋은 운을 만나면 권세가 혁혁하는 법이다.

이 사주를 보면 양인이 두 개라 신왕 사주이고, 월지 巳 중에 戊土가 편관에 해당된다. 지극히 약하던 중 대운 戊운에 천간에 튀어나오니 때를 만난 지라 일국의 국가주석을 감금하는 권력을 휘두른 것이다.

이때 戊土 편관은 용신에 해당되지만 대운지지가 북방 水운으로서 흉신에 해당되기 때문에 언제 몰락할지 모르는 불안하기 짝이 없는 형국이라 국가주석을 감금하는 무모한 행위로 인하여 결국은 子운에 죽임을 당하고 말았다. 특히 양인이 사주에 둘이 있는 경우에 대운에서 또 양인을 만나면 비명으로 죽음을 맞이하는 경우가 많다.

⑤ 水 일간이 火왕절인 여름에 태어났다면 조후상으로 水가 약하므로 水가 용신이 되는 것이 자연이치인데, 상기 사주의 경우는 金水가 왕하

여 오히려 火가 용신이 된 경우에 해당되니 좀처럼 보기 드문 사주에 해당된다. 이러한 사주는 용신대운에는 발복하지만 흉신운에는 비참하게 몰락하는 경우가 많다.

똑같은 이치로 火 일간이 水왕절인 겨울에 태어나서 신왕 사주가 되므로 水가 용신이 되는 경우도 있는데 길흉이 극도로 나타나는 예가 많다.

(12) 소강절

甲 甲 辛 辛
戌 子 丑 亥
乙 丙 丁 戊 己 庚
未 申 酉 戌 亥 子

① 甲 일간이 丑월에 태어나서 일지와 년지에서 득생하고 亥, 子, 丑 북방 수국(水局)을 이루니 신왕 사주이다.
② 신왕 사주로서 土金이 재관에 해당하니 용신이 되는데 사주 내에 재관이 왕하므로 능히 부귀를 누릴 수 있다. 허나 이 사주의 경우는 甲 일간이 소한이 지난 엄동설한에 태어나고 사주에 金水가 왕하여 조후상 火를 필요로 하는데, 시지 戌土 중의 丁火로서는 너무 미약하다. 년지 丑土는 동토(凍土)로서 용신으로 쓰기에는 미약하고 년간, 월간에 辛金 정관도 한랭한 사주를 차게 할 뿐으로 크게 쓰지 못한다. 결국은 미약하나마 시지 戌土를 용신으로 써야 한다.

③ 木 일간이 겨울에 태어나 인성이 많은 사주는 대개 청렴결백하며 강직하고 학문을 즐겨하는데 외골수 기질이 농후하다.

이 사주가 월지에 정재가 있고 정관이 투출하니 온후독실하고 공명정대한 공자 성품이다. 金水대운에 오로지 학문에 정진하여 천고에 이름을 날리는 주역의 대가가 되었으나 세속의 출세와 부귀를 멀리한 것은 한랭한 사주에 한랭한 대운을 만났기 때문으로 판단된다. 또한 시지 戌土 용신이 공망에도 해당되니 그 영향이 있었을 것으로 사료된다.

④ 소강절 선생은 중국 송나라 시대의 주역의 대가로서 이름을 날렸는데 그의 매화역수(梅花易數) 점괘는 귀신도 달아날 정도로 백발백중하였다고 전해진다. 오늘날 시중에 나도는 매화역수는 그의 작품으로서 얼마나 진실하게 전해 내려오는지는 모를 일이다.

그의 점괘는 유명하여 전국에서 몰려드는 사람으로 인히여 그의 집 근처에는 수많은 여관이 생기게 되었으며, 소강절은 안방에 앉아 앞에 발을 치고서 사람을 보아 상담을 했다고 한다.

내방객들이 사례로 두고 간 곡식 등이나 사례금은 함께 어울리는 지인들과 먹을 수 있는 정도만 남겨두고 나머지는 빈한한 백성들에게 나누어주었다고 하여 더 유명해지기도 했다.

⑤ 필자도 가끔 매화역수로 점괘를 얻어 활용하는 경우가 있는데 신통하게 잘 맞는다.

괘를 얻는 방법은 점치는 시각의 년, 월, 일로서 상괘를 득하고 그 다음 년, 월, 일, 시로서 하괘를 득하여 대성괘를 만들어놓고 년, 월, 일, 시에 의하여 다시 동효를 구해서 최종 점괘를 얻어 판단한다.

사주명리학은 연월일시를 정확히 알아야만 모든 제반사항에 대하여 예측이 가능하다. 그러나 매화역수 같은 점단법은 상대방의 사주를 전혀 모르고서도 어떤 특정 사안에 대해 판단할 수 있는 이점이 있기 때문에 역학을 공부하는 사람들은 이러한 방법도 있다는 것을 알 필요가 있어 간략하게 소개하였으니 참고하기 바란다.

(13) 한신

乙 乙 丁 辛 (乾)
酉 卯 酉 酉

辛 壬 癸 甲 乙 丙
卯 辰 巳 午 未 申

① 乙 일간이 酉월에 태어나서 년지, 시지에 칠살이 있고 년간에 칠살이 년지에 통근하여 일간을 공격하니 태약한 신약 사주이다.
약한 乙 일간은 일지 卯에 통근하였으나 卯는 시지, 월지와 沖하고 있으니 불안하기 짝이 없다.

② 신약 사주는 인성과 비겁이 용신이므로 水와 木이 용신에 해당되나, 水는 사주원국에서 찾아볼 수 없고 비견도 너무 약하니 참으로 난감하다.

③ 이 사주는 잘 살펴보면 독특한 구조를 가지고 있음을 발견하게 된다. 월간에 丁火는 일간으로부터 생을 받아서 생기가 있다. 丁火는 약한 일간의 목기(木氣)를 뽑아내어서 흉신에 해당될 것 같으나, 자세히 보면

칠살의 강한 기운을 火剋金하여 제압함으로써 약한 일간이 金剋木하여 칠살로부터 극(剋) 당하는 것을 보호하는 중대한 역할을 하고 있는 것이다.

이러한 사주를 일컬어 식신제살(食神制殺)한다고 하여 인물됨이 만인을 제압하는 강한 기질이 있어 통상적으로 장군 사주라고 한다.

또한 이 사주가 자체 내에 水가 없어 용신 丁火 식신을 극하지 않으니 아름다운 것이고, 丁火는 일간으로부터 生을 받아 일간을 극하는 강한 칠살을 제압하는 데 최선을 다하고 있는 것이다.

④ 초년에 남방 火운이 일찍 들어오니 한나라 유방의 군사(軍師)로서 군 총사령관이 되어 천하무적인 항우의 군대를 무찌르고 유방이 천하를 통일하는 데 결정적 역할을 하여 그 이름을 천하에 드날렸다. 그러나 壬辰대운에 壬水가 용신인 丁火 식신을 합거(合去)하니 무모하게 군왕의 지위를 탐하여 역모를 꾀하다 비참하게 살해되고 말았다.

이 사주는 金木이 상쟁하는 형국으로 되어있어 전쟁터에서 생애를 보내고 삶을 마감하게 되었는데 이러한 사주는 흉운이 들어올 경우 요절하는 경우가 허다하다.

⑤ 식신제살의 사주를 분석해보면 칠살의 강한 살기를 식신이 제압하는 것도 생극제화(生剋制和)에 의한 중화의 원리에 바탕이 되는 것이며, 이러한 경우는 억부법에 해당된다고 볼 수 있다.

이 사주의 경우 乙木이 백로가 지난 酉월에 태어나서 金이 너무 많고 찬 서리가 내리는 가을철이라 천지가 한랭의 기운이 감돌기 시작하는 때인지라 火를 써서 조후함도 필요하다고 보면 조후법도 해당된다.

또 이 사주의 경우 丁火가 년간에 있었다면 멀리 떨어져 있으므로 乙卯의 생해줌을 약하게 받았을 것인데, 일간에서 가까운 월간에 위치하여 칠살을 제압하는 힘이 더 강대해졌을 것으로 판단된다.

여러 사람의 사주를 보다 보면 간혹 이러한 특별한 사주가 있는바, 항상 조심스럽게 사주명식 구조를 잘 판단하여 용신을 판단해야 한다. 상기 사주를 해석할 정도면 명리학의 수준급에 달한다고 볼 수 있다.

신왕 사주는 식신제살이 적용되지 않는다. 신왕 사주는 편관이 되어 용신이 되기 때문에 용신을 제압하면 오히려 흉하기 때문이다. 신약 사주일 때 칠살이 되고 신왕 사주일 때는 편관이 되어 관성을 용신으로 한다.

(14) 원 세조

乙 乙 乙 乙 (乾)
酉 酉 酉 亥

戊 己 庚 辛 壬 癸 甲
寅 卯 辰 巳 午 未 申

① 乙 일간이 酉월에 태어나고 일지, 시지에서 칠살을 거듭해서 만나니 태약한 신약 사주이다. 이러한 경우 시간에 비견과 월간에 비견은 지지에서 절이 되므로 일간을 크게 도와주지 못하고 년간에 비견은 년지에서 득생을 하므로 커다란 힘이 된다.

② 신약 사주는 인성과 비겁이 용신이 되므로 水木이 용신이다.

③ 년지 亥水가 인성으로 칠살들의 강한 살성기운을 金生水로 품어내

어 약한 乙木 일간을 도와주니 최고 용신이다. 乙 일간이 3개의 酉金으로부터 극을 받음이 아주 심한데, 인성이 중간에서 통관하여 강한 살기를 순화시키면서 약한 일간을 생해주니 이러한 경우를 살인격(殺印格)이라고 한다. 강한 칠살을 식신으로 제압하여 일간을 보호하는 경우를 식신제살격(食神制殺格)이라고 하는 사주와 대비된다.

상기 사주는 사주원국에 식신이 없고 인성이 있으므로 인성을 사용한 경우이다.

④ 卯대운에 약한 일간이 통근을 하여 강해지고 용신 亥水가 亥卯 합하여 일간이 더욱 왕해지니 천운을 만나 이 운(運)에 천하통일의 위업을 달성하였다.

이와 같이 대운에서 三合을 하여 용신이 강해질 때 대성공의 기회가 온다.

⑤ 酉金 칠살이 전부 장성에 해당되어 일간을 극함이 심한데, 인성으로 전부 화(化)하니 지혜가 무궁무진하고 왕도보다는 정복자로서 패도정치를 하는 군주에 속할 것으로 사료된다.

기타 실존인물

(1) 1953년 10월 12일 辰시

丙 癸 癸 癸 (乾)
辰 酉 亥 巳

63 53 43 33 23 13 3
丙 丁 戊 己 庚 辛 壬
辰 巳 午 未 申 酉 戌

① 癸 일간이 亥월에 태어나서 통근하고 일지에 酉金이 생하며 비견이 도우니 신왕 사주이다.

② 신왕 사주는 재관을 용신으로 하므로 火土가 해당되는데, 사주원국을 살펴보면 시상에 丙火 정재가 시지 辰土 위에 있으므로 약하다. 년지 巳火가 있으나 멀리 있어 큰 힘은 못 되나 없는 것보다는 천 번 나으

니 그래도 통근은 된다.

　관성을 보면 시지 辰土가 정관이 되는데 겨울에 태어난 한랭한 사주에 습토(濕土)가 되니 강하지 못하다. 그러나 이것도 없는 것보다는 나으니 火土 대운에는 능히 대발할 수 있다.

　용신이 미약하더라도 사주원국에 있는 것과 없는 것은 커다란 차이가 있다. 꺼져가는 담뱃불의 불씨가 큰 산을 태울 수 있듯이, 비록 미약하더라도 사주원국에 있는 용신은 대운에서 역시 같은 용신운이 들어올 때는 개천에 용 나듯 출세할 수 있는 것이다.

　③ 이 사주는 정재가 둘 있는데 정재는 처(妻)를 의미하므로 처가 둘 있는 형국으로 초혼에 실패하고 재혼할 여지가 충분하다.

　이러한 때는 사주구조를 잘 살펴보아야 하는데, 월지에 亥水가 년지에 巳火를 冲함이 심하고 巳火 위에 년간에 亥水가 있으니 비견은 일간 亥水와 똑같은 남성이나 동료로 본다. 즉, 다른 남자가 내 부인을 깔고 앉아 있는 것을 의미하니, 첫 번째 부인이 다른 남자와 간통하여 결국은 이혼하게 되었다. 그것도 壬申년에 이혼하였는데 壬水는 겁재로 흉신에 해당되고 용신인 巳火를 극하기 때문이다.

　④ 이처럼 신왕 사주에 비겁이 많으면 재물과 처궁이 불미스러운데 정재가 둘 있는 데다 세운마저 불리한 비겁운이 또 들어오니 그 화를 면치 못한 것이다. 이 사람의 부인 되는 사람의 사주를 보았는데 그 사주 역시 관살혼잡된 사주로 바람 피는 사주였으니, 이러한 경우는 거의 피해갈 수 없는 운명이 아닌가 싶다.

　⑤ 戊午, 丁巳대운에 재혼하면 시간에 있는 丙火 정재가 대운에서 강하게 통근하니 용신운에 해당되므로 훌륭한 처를 득하고 재물운도 좋

다고 볼 수 있다. 이러한 경우 재혼할 여성의 사주가 일간이 丙火나 丁火이면 사주용신에 해당되니 좋을 것으로 사료되나 중요한 것은 사주 전체의 구조가 아름다워야 한다.

상기 사주처럼 년주에서 재성이 자리하고 있으면 거개의 경우 일찍 처를 얻게 된다. 반대로 여자 사주에서도 년주에서 관성이 자리하고 있으면 일찍 결혼을 하거나 그렇지 않으면 일찍 남자를 알게 된다.

⑥ 이 사주가 년지 巳火가 정재에 해당되어 결혼을 두 번 하게 된다고 판정해 볼 때, 巳火가 차라리 없었더라면 더 나았지 않았겠냐고 반문해 볼 수 있다. 이 사주에서 火는 처도 해당되지만 재물에도 해당되므로 시상에 丙火가 년지에 밀려서나마 통근을 하였기에 남방 火운에 들어서면 재물운이 훨씬 강하게 들어올 수 있다고 판단할 수 있으니 일장일단이 될 것이다. 이러하므로 운명의 복잡성이 헤아리기 어렵다고 할 것이다.

재벌들의 사주를 보면 한결같이 재성이 왕하게 되어 있는데 재물도 많지만 여자 문제로 스캔들을 일으키는 등의 사례도 바로 이러한 데서 연유하는 것이다.

(2) 1955년 3월 21일 未시

辛 甲 庚 乙 (乾)
未 辰 辰 未
53 43 33 23 13 3
甲 乙 丙 丁 戊 己

戌 亥 子 丑 寅 卯

① 甲 일간이 辰월에 태어나서 네 지지에 전부 土를 깔고 있으니 태약한 신약 사주이다.

② 신약 사주는 인성과 비겁을 용신으로 하는데, 이 사주는 비겁도 중요하지만 水를 더욱 중요시한다. 木은 水가 없이는 성장을 할 수 없기 때문이다.

이 사주가 원국에 水가 없으나 辰土가 습토(濕土)로 癸水가 암장되어 있기 때문에 미약하나마 辰 중에 癸水를 중요하게 써야 한다.

③ 일반적으로 신약 사주는 비겁이 용신이 되므로 형제복이 있다고 하지만 사주 구조를 보아서 판단해야 한다.

이 사주이 경우 년간에 乙木이 庚과 합히여 악해진 데다 년지 未土가 乙木을 생해주거나 통근되어 주지 못하므로 두 분의 형님이 있는데 한 분은 정신질환을 가지고 있으며, 또 한 분은 사주의 주인공이 도와줘야 하는 형편이다. 또한 辰 중에 乙木, 未 중에 乙木이 암장되어 있어 형제들이 많을 수 있으나 하나같이 흙 속에 갇혀있어 전혀 도움이 되지 못한다.

④ 대운이 38세 이후 子水운에 들어가기 전에 초년 고생이 이루 말할 수 없었으니 일찍이 섬에서 태어나 객지생활을 하였으나 연고가 약하여 자력으로 성공하기에는 역부족이었다.

야간 중학교 강사로 재직하면서 경제적으로 어려움을 겪다가 子水운에 들어서자 강사직을 그만두고 요식업에 뛰어들어 壬申, 癸酉년에 세운도 용신인 水가 강하게 들어오니 수억을 벌어들였다.

이 사주는 戌대운이 아주 흉하다. 신약재다 사주에 재성이 겹치는 데다 재성은 인성인 용신을 극하기 때문이다. 또한 습토(濕土)인 辰土를 冲하여 辰 중에 있는 癸水를 제거하기 때문인데, 이러한 경우에 재물로 인해 큰 손해를 보거나 질병 등으로 중환을 치를 수 있으며 심한 경우 수명을 다할 수 있다. 특히 이 사주는 水가 약하기 때문에 혈압에도 주의해야 한다.

⑤ 혹자는 상기 사주를 종재종살격(從財從殺格) 사주라 하여 재관에 해당되는 土金운에 대발하고 인성과 비겁운에는 대흉하다고 할 것이나, 사실은 그러하지 않으니 이 점 유의해 주길 바란다.

이 사주가 네 지지에 전부 재성이 있으니 재물 욕심이 많고 여자가 많이 따른다. 다행히 대운과 세운에서 용신운인 水가 들어와 대발하였으나 이렇게 너무 신약한 사주는 재물의 크기에 한계가 있는바, 미약한 용신 水를 막강한 재성인 土가 극(剋)하기 때문이다.

특히 土운에는 항상 조심하여야 한다. 이러한 사주에 土운이 들어오면 일확천금에 눈이 멀어 실패하거나 여자로 인하여 곤욕을 치르거나 불필요한 부동산에 투자하여 재산상의 손해를 입을 수가 있고 급작스런 질병이나 사고를 당하여 불행이 닥치는 등 그 불운을 예측하기 힘들다.

⑥ 이 사주가 화개가 4개가 되니 네 지지가 전부 화개에 해당된다. 그렇다고 문학가도 아니며 승려의 신분 또한 아니다. 다만 불교 신도로서 사업에 전념하는 일반 시민의 한 사람이다.

화개가 혹시 육신법으로 인성에 해당되었다면 모르지만 학문과는 거리가 먼 재성에 해당되었기 때문이기도 할 것이다.

(3) 1940년 1월 7일 巳시

乙 丁 戊 庚 (坤)
巳 亥 寅 辰
63 53 43 33 23 13 3
辛 壬 癸 甲 乙 丙 丁
未 申 酉 戌 亥 子 丑

① 丁 일간이 寅월에 태어나 득생을 하고 巳時를 타고난 데다 일지 亥水가 寅亥 지합하여 木이 더욱 왕하니 신왕 사주이다.

② 신왕 사주로서 재관이 용신이니 金水가 해당되는데, 庚金 정재가 辰土에 득생하여 강하나 亥水 정관은 巳亥 충하고 寅亥 합하니 관은 재성보다는 약하다.

③ 이 사주를 살펴보면 년지 辰土가 상관이요, 월간 戊土가 辰土에 통근하여 또한 상관이 되니 여자 사주에 상관은 남편성인 관성을 극하므로 극히 불길한데 사주 자체 내에 관성은 약하고 상관은 강하니 심히 불길하게 되어 있다. 또한 일지가 정관에 해당되어 용신이므로 좋을 것 같으나 시지와 冲하고 있어 이것 역시 불길하다.

남녀를 불문하고 일지는 배우자궁에 해당되는데 일지를 월지가 충하는 사주는 30대 이후에, 일지를 시지가 충하는 사주는 40대 이후에 대개 부부 간에 이별, 사별하는 경우가 많다. 이러한 사주는 상관마저 관을 극함이 심하니 운이 좋지 않은 경우에는 그 가능성이 높아진다.

④ 壬申대운에 壬水가 정관으로 월간 戊土 상관이 土剋水하여 정관을

상하니 부부 사별 내지 이별운이 있다. 세운 壬申년에 세운마저 정관이 또다시 상관과 충하니 급기야 이혼을 하게 되었다. '상관(傷官)이 견관(見官)이면 재앙(災殃)'이라 했으니 바로 여기에 해당된다고 할 것이다.

(4) 1958년 12월 11일 子시

戊 辛 乙 戊 (乾)
子 丑 丑 戌
55 45 35 25 15 5
辛 庚 己 戊 丁 丙
未 午 巳 辰 卯 寅

① 辛 일간이 丑월에 태어나 한랭하고 사주에 인성이 많아 신왕이다.

② 신왕 사주로서 재관인 木火가 용신에 해당되는데 火는 특히 조후 용신에 해당되므로 더욱 중요하다.

소한이 지난 동토(凍土)인 丑월에 태어나 일지 丑土가 겹치고 시지에서 子水가 암장되어 있어 용신으로 쓰나 丑戌刑이 되어 나빠졌다. 丑 중에 癸水가 戌 중에 丁火를 극함이 심하여 그나마 약한 丁火가 심히 미약해지기 때문이다.

③ 초년 대운에 木火 용신운이 20년간 들어오니 수재 소리를 들으며 주위의 촉망이 높았고 대학 시절 총학생회장을 맡는 등 승승장구하였으나, 25세 이후 40세까지 하는 일마다 뒤틀리고 무위도식하여 좌절의

연속이 되었다. 이는 신왕 사주로서 인성이 많아 사주에 병이 되는데 대운마저 인성이 중첩하여 들어오기 때문이다.

특히 辰대운은 습토(濕土)로서 戌土 용신을 冲하여 丁火를 제거하니 고생이 이루 말할 수 없었다. 이 사주가 '토다매금(土多埋金)'이라 하여 土가 많아 金이 흙 속에 있는 형국인데 설상가상으로 土운이 또 들어오니 성공은커녕 목숨을 부지한 것만도 다행이다.

④ 혹자는 이 사주가 신왕 사주로서 시지에 식신 子水가 편재 乙木을 생하니 水운이 들어오면 식신생재하여 재운이 들어온다고 할 것이다.

오히려 壬申, 癸酉년에 대실패를 하였으니 조후법에 의한 火용신을 극하였기 때문이다.

(5) 1958년 9월 6일 子시

壬 戊 壬 戊 (坤)
子 辰 戌 戌
53 43 33 23 13 3
丙 丁 戊 己 庚 辛
辰 巳 午 未 申 酉

① 戊 일간이 戌월에 태어나서 원국에 土가 많으니 태왕한 사주이다.
② 신왕 사주로서 재관에 해당하는 水木이 용신에 해당되는데, 시상에 壬水가 子水에 통근하고 子辰 수국하니, 재성이 용신으로서 강하게

자리 잡고 있어 길하다.

③ 신왕 사주에 비겁에 많으면 남녀 간에 부부궁이 안 좋은데 지지에 辰戌충이 겹쳐있어 색정에 밝아 남자관계가 복잡할 가능성이 높다. 또한 사주에 관성이 없다. 이러한 사주의 경우 화류 계통에 종사하는 자가 많다.

④ 23세 이후의 대운이 비겁운이라 아주 흉하다. 흉신이 40년간 계속 들어온다. 미색이 아름다워 주위 사람들로부터 많은 부러움을 샀으나 27세 이후 고향을 두 번 다녀간 뒤로 10여 년간 소식이 없어 생사를 알 수 없다.

⑤ 이 사주의 구조를 살펴보면 土와 水 두 가지 오행으로 짜여 있는데 이러한 사주의 경우 사주에 金이 있게 되면 왕성한 土기를 통관시켜 水를 생해주므로 비겁이 쟁재되는 형국을 면할 수 있어 좋다. 그렇지 않으면 사주에 木이 있어서 왕성한 土를 제극하여 재성을 지켜주고 재성은 관성을 생해주니 신왕 사주에 재왕생관하는 사주가 되어 부귀할 수 있는데 그렇지 못하고 비겁이 정재하는 데다 대운마저 또 비겁운으로 향하니 악운을 면할 길이 없다.

(6) 1958년 2월 15일 辰시

庚 庚 乙 戊 (乾)
辰 戌 卯 戌

51 41 31 21 11 1
辛 庚 己 戊 丁 丙
酉 申 未 午 巳 辰

① 庚 일간이 木월에 태어났으나 세 지지에서 득생을 하고 월주를 제외한 세 개의 년주, 일주, 시주가 土金으로 이루어졌으니 신왕 사주이다.

② 신왕 사주로 재관인 木火가 용신에 해당되는데 재성인 乙卯가 강하고 관성은 戌 중에 암장된 丁火를 쓴다.

③ 이 사주가 괴강(魁罡) 일주에 해당되어 성품이 강인한데, 시주와 년주가 모두 괴강이니 천부적으로 강경파의 기질이 농후하고 庚金 일간이니 의리에 밝으나 살벌의 기운도 강하다.

④ 이러한 사주가 대운만 좋으면 즉, 재관운으로 향하면 비약적인 성공을 기대할 수 있으나 31세 이후 신왕 사주에 흉신인 인성과 비겁운으로 달리니 그 불운한 내일을 짐작하기 어렵지 않다.

辛未년, 壬申년, 癸酉년 3년간 계속 흉신에 해당되니 불행한 교도소 생활을 이 시기에 보내야만 했다. 그 후 甲戌년 甲戌월에 용신이 들어오니 출소했는데 甲木이 용신에 해당되고 戌土가 卯戌 지합하여 용신인 火가 되기 때문이다. 월주 乙卯가 정재로서 강하니 그 처가 현모양처로 남편과 시부모의 뒷바라지를 정성으로 다하고 있으나, 그 처의 사주가 乙巳년 癸未월 乙丑일 丁丑시로서 대운이 극히 불미스러웠으니 두 부부의 어려움을 능히 짐작할만하다.

(7) 1951년 4월 20일 戌시

丙 乙 癸 辛 (乾)
戌 丑 巳 卯

56 46 36 26 16 6
丁 戊 己 庚 辛 壬
亥 子 丑 寅 卯 辰

① 乙 일간이 巳월에 태어나고 火土가 많으니 신약 사주이다.

② 신약 사주는 인성과 비겁이 용신인데 인성은 癸水요, 비겁은 卯木이다. 인성 癸水는 년간 辛金이 생해주지만 지지에서 통근 및 득생을 못하여 용신이 미약한 편이다. 이러한 사주는 인성인 水를 비겁인 木보다 더욱 중요하게 쓴다. 왜냐하면 乙木이 火월에 태어나서 木이 불에 타고 있는 형국이니, 水로써 월지의 강한 火를 제압하고 약한 일간을 생해주기 때문이다.

그러나 비겁인 木은 왕성한 월지 火를 더욱 생해줄 뿐이니 오히려 나쁠 수가 있다. 또한 이 사주는 조후법으로도 水가 용신에 해당되니 월간에 癸水는 비록 약하나마 중요한 구실을 하고 있다.

③ 癸水는 용신으로서 육신법으로는 편인에 해당된다. 편인이 용신인 사람은 눈치가 빠르고 기민하나 인색하고 옹색하여 대인관계가 원만치 못한 점이 있다. 이 사주의 주인공은 빈한한 가정에서 태어나 오로지 근면과 성실로 저축을 하여 소규모의 목욕탕을 건축하였다.

④ 그러나 辛未년 己亥월에 지하에 설치되어 있는 보일러를 작동하다 실수로 인하여 보일러가 폭발하여 황망 간에 죽음을 맞게 되었다.

신약 사주는 칠살이 아주 나쁘다. 가만히 있는 사람이 난데없이 뒤통수를 맞는 격이다. 이 사주는 년간에 辛金이 丑土에 득생하고 있어 신약 사주이므로 편관이 아니라 칠살로 본다. 辛未년은 일주 乙丑을 천간지지로 冲하는 세운이다. 乙 일간이 신약하므로 재관이 흉신인데, 재관이 천간지지를 충하니 이러한 운에는 반드시 신상에 중대한 재난이 발생한다. 조난, 변사, 생이별, 파산 등이 있게 되는데 갑작스런 재난이 불시에 발생하는 것이다. 설상가상으로 癸水가 용신인데 己亥월의 己土가 극하고, 亥水가 월지의 巳火와 충하니 최악의 운을 맞게 된 것이다.

사주원국에 辛金 칠살이 월간에 癸水가 있음으로 해서 乙 일간을 극하지 못하고 화살(化殺)하여 오히려 일간을 생해주고 있는 터에, 癸水를 己土가 극하니 辛金 칠살이 곧바로 乙 일간을 극하는 데다 세운마저 辛金이 덩달아 나타나니 어찌할 수가 없게 된 것이다. 대운도 己丑운으로서 칠살이 생조하는 재성운이니 이렇게 흉신이 대운, 세운, 월운에서 엄습하여 올 때 가장 무서운 것이다.

이 사주의 주인공이 사망한 지 2년 뒤에 그 모친 되시는 분이 필자에게 문의해 온 것을 사망한 연도와 달까지 일러주어 그때 당시 화제가 된 적이 있었다. 한 사람의 사주를 감정할 때 이러한 흉운이 강하게 들어오는 운을 미리 예측하여 알려주었다고 가정할 때, 과연 최흉의 재난을 피할 수 있을 것인가는 하늘만이 알 수 있을 뿐이다.

필자의 경험에 의하면 최악의 운을 피해 가는 것은 어려운 것 같다.

⑤ 혹자는 이런 사주를 년주부터 시작하여 金生水, 水生木, 木生火, 火生木하여 시주까지 순서대로 상생을 함으로 연주격(聯珠格)이라 하여 대발한다고 할 것이나, 허망한 격국론에 빠지지 말고 오로지 사주명국을 잘 살펴 판단해야 할 것이다.

작명 및 개명 상담교실 운영
최종학 (010 · 3632 · 4121)

개운사주 開運四柱

최종학 지음

발행처 · 도서출판 청어
발행인 · 이영철
영 업 · 이동호
홍 보 · 최윤영
기 획 · 천성래 | 이용희
편 집 · 방세화 |
디자인 · 김바라 | 서경아
제작부장 · 공병한
인 쇄 · 두리터

등 록 · 1999년 5월 3일
(제321-3210002510019990000063호)

1판 1쇄 인쇄 · 2015년 5월 20일
1판 2쇄 인쇄 · 2016년 12월 20일

주소 · 서울특별시 서초구 효령로55길 45-8
대표전화 · 586-0477
팩시밀리 · 586-0478

홈페이지 · www.chungeobook.com
E-mail · ppi20@hanmail.net
ISBN · 979-11-86484-00-5(13150)

이 책의 저작권은 저자와 도서출판 청어에 있습니다.
무단 전재 및 복제를 금합니다.

이 도서의 국립중앙도서관 출판시도서목록(CIP)은 서지정보유통지원시스템 홈페이지
(http://seoji.nl.go.kr)와 국가자료공동목록시스템(http://www.nl.go.kr/kolisnet)에서 이용하
실 수 있습니다.(CIP제어번호: CIP2015011844)